神さまと繋がる神社仏閣めぐり

神仏がくれるさりげないサイン

桜井識子

ハート出版

まえがき

この本を手に取っていただきありがとうございます。

今回は関東地方の神社仏閣を回って得たいろいろな神仏のお話をまとめました。

神社やお寺をただ紹介するという内容ではなく、そこで神様や仏様、眷属《けんぞく》とお話をしたこととか、私が実際に見たもの、感じたことなどを書いています。

関東は遠くて行けない、時間が取れなくて今行くのは無理、という方にも楽しんでいただけるよう構成はテーマ別にしています。

烏天狗と大天狗の詳しいお話や、お犬様と呼ばれる狼の眷属のお話、平将門怨霊説など、興味を持って読んでいただけるのではないかと思います。

群馬県高崎市にある於菊稲荷神社の於菊さんから招待を受けて参拝した話も書いています。

於菊さんの切実なお願いも伝えていますので（於菊さんはこの神社の眷属の1人です）、この部分は是非是非、皆様に読んでいただきたいです。

本書は高波動の神仏を多く書いているせいか、みっちりと高密度になっており、書く時に続けて書くことができませんでした。

ちょっと書いては休憩し、また少し書いては休憩し、時々エネルギー補充のために体が勝手にうたた寝をしたりして、休み休み書き上げました。

それほど力のある素晴らしい神仏ばかりのご紹介です。

どの神様にもどの仏様にも会ってみたいと思われるのではないかと思います。

話は変わりまして……、私は熊野地方にある玉置《たまき》神社の神様にこう言われたことがあります。

「お前にわかる能力があるのは特別な人間だからではない。お前なら正しく伝えることができるからだ」

この言葉は肝に銘じていて、自分が見聞きしたこと・体験したことは、一切装飾したり誇張したりせず、本当にそのままを書いています。

時々、常識では考えられないことが起こったり、不思議すぎて自分でも信じられない出来事もあったりします。

本音を言うと、そういう出来事をありのままに書くことには躊躇《ためら》いがあります。

人は信じてくれないだろうと思うからです。

この本を読んでいただければおわかりになると思いますが、私自身、自分が目の前で見ている神仏でさえ半信半疑で話を聞くことがあります。というか、たまに疑ったりします（笑）。

神仏の言っていることが、自分の頭の中の常識と相容れないためです。

見えない世界の話を丸ごと信じるのは難しい、ということは経験的に私も熟知しております。

だからこそ、信じてもらえないだろうなぁと冷静に思うわけです。

ここでいただいたメールを一通ご紹介致します。

【ご著書『「神様アンテナ」を磨く方法』がアマゾンのベストセラーランキングに入っているのを見て、なんだか面白そうな本だなぁと惹かれました。

中を見てみたかったので書店に直行して、『ひっそりとスピリチュアルしています』と『「神様アンテナ」を磨く方法』を入手しました。

最初に読んだのは『ひっそりとスピリチュアルしています』のほうです。

本のタイトルから、いろいろなパワースポットを巡る体験記のような感じなのかな、と想像していましたが、霊や神様についてのもっと深いことが語られていたので驚きました。

（中略）私はスピリチュアルな話に興味はあるのですが、身近に霊の話をする人や、まして神様とコンタクトをとれるという人がいなかったので、正直に言うと桜井さんのお話に最初は面食らう部分もありました。

けれど読み進めるうちに納得できる部分が多くあって、だんだんと「桜井さんのおっしゃるとおりなのかもしれない」と思うようになりました。

といいますか、「桜井さんのおっしゃるとおりだといいな」という気持ちになりました】

初めて私の本を読まれる方は、この方のように戸惑う部分があると思います。

特に今回はオール神社仏閣紹介の内容で、神様に聞きました、仏様に聞きました、というお話ばかりです。

これって本当なの？　事実なの？　と思われるのは当然です。

でも、そこにばかりに集中して読むと、神仏の良さやありがたみが届かないように思います。それは非常にもったいないことです。

ですので、不思議すぎる！　と思われたら、このメールの方のように、

「そうだといいなぁ～」という、ファンタジー小説を読むような感覚で読まれるといいかもしれません。

無理して信じなくてもいいと思います。

そんな世界があったらいいな、想像すると楽しいな、とちょっとだけでも神様仏様に興味を持っていただけたら嬉しいです。

すべてはそこから始まると思うからです。

あとはご自分でその興味を広げていけば、必ず神様仏様の愛情にたどり着けます。

自分がどんなに守ってもらえているのか、どんなに目をかけてもらえているのかが、しっかりとおわかりになる日が来ることと思います。

この本が興味を持つという「気づき」の第一歩になれば、大変光栄に思います。

桜井識子

神さまと繋がる神社仏閣めぐり

もくじ

第三章　日光の神様たち

第四章　天狗伝説

第五章　お犬様伝説

第六章　伊勢原市で出会った神様

第七章　於菊稲荷神社

第一章

日光の仏様たち

◉立木観音様とラッキーな鐘　～中禅寺

日光は南のほうから行ったので、最初に参拝をしたのはここ中禅寺です。

この日は朝から雨が降っていました。

車のワイパーをサクサク動かさないと前が見えないくらいの雨量でしたが、中禅寺に到着すると雨は上がり、お寺の前の湖には霧がかかっていました。

まず立木《たちき》観音様が祀られている本堂から入りました。

そこは自由に出入りできるのではなく、お坊さんの案内で数名が一緒に拝観します。私の時は10名前後の人数でした。

全員が本堂に入ると扉は閉じられて、お坊さんの説明が始まります。

本尊の立木観音様のお体は（木像です）、根っこを切ってなくてそのまま土の中にあるそうです。根

を張ったままなので立木観音と呼ばれているというお話でした。

資料によると、観音様は明治時代に一度湖に流されたようですが、そんなダメージはまったくなく、現在も大地に根を張っておられます。

この観音様がなんだか親しみやすい、味のあるお顔で「いいなぁ、好きだなぁ」と思わずにいられない、そんな仏様です。

優しいお顔ですが力はありますから、入った瞬間にそのパワーに圧倒されます。そして仏様との距離が近いので、波動などもふんだんにいただけます。

説明が終わって、さあ、ゆっくり立木観音様にお話を聞こう、と思ったら……一緒に拝観していた人がどんどん本堂から出て行きます。

お坊さんは「ゆっくり見ていって下さいね」とおっしゃったのですが、ものの1分で他の人は

1人残らず出て行ってしまいました。

うわぁ、私、1人きり……と急に居心地が悪くなります。でもお坊さんが2名～3名ブラブラしていたので、気を使わなくていいのかな？と思ったら、次のグループを入れる準備をしているのだと気づきました。小心者はこうなるともうダメです。私も早々に退出しました。

ああ、残念、観音様に少しお話を聞きたかったな、と思いながらお堂を出ました。

このお堂で「ゆっくり観音様に話しかけたい」という方は、お坊さんの説明中に心の中で話しかけたり、お願いすることをお勧めします。説明後にゆっくり……という選択肢はないと思ったほうがいいです。せっかくの立木観音様ですから、私のようにガッカリしないよう最初からお話されておいたほうがいいのではないかと思います。

観音様がいる本堂を出ると、あとは各自階段を登って上へ行くようになっています（順路が決まっているので逆行はできません）。

上がったところに広々とした五大堂というお堂があります。

私は10人ほどいた拝観グループの最後にのんびりと歩いて行ったので、ここではすでに1人でした。

このお堂の空間がすごくいいです。なんだか癒される〜、という「気」が満ちています。天井に龍が描かれていてそれもとてもいいのですが、安置されている5体の明王像の〝不動明王〟のパワーがすごかったです。

願を掛けるのだったら、こっちのお不動さんのほうがいいかもしれません。

少しでも長くいたいと思った五大堂ですが、お坊さんが1名そこにおられるので、これまた非常に気を使いました。仏様とゆっくり会話をするという雰囲気ではないのです。

いや、お坊さんは別にこちらを見たりしないです。

授与所（お守りとかおふだを購入するところです）がそこにもあったので、私がお堂にいるとお坊さんのほうも動けないのだと思います。私が「このおふだを下さい」と言うかもしれず、もしもお坊さんがいなければ「すみませーん！」と叫ばせてしまうことになるからです。

ということは、あの人買うのかな、買わないのかなと、お坊さんは私に気を使っているわけで……と考えなくてもいいことまで想像してしまい、何だか申し訳ないと私のほうも気を使って疲れる、という状況になりました。

祈祷を行うところのようでしたので、長くいるのは図々しいかも？　と、ビビリな性格の私は遠慮する気持ちも強く働いてゆっくりすることができませんでした。

拝観コースにしているということは、長くいても構わないですよ、ということだと思うのですが、小心者の私には勇気がいりました。

五大堂を出る時に、お不動さんが声をかけてくれましたが、

「え！　ここでお声をかけられても〜、もう1回中に入るとか無理ですぅ〜」と泣く泣くそのまま外に出ました。どうにかならんかこの性格、と自分でも思います。

五大堂の外からは中禅寺湖の美しい景色を見ることができます。それから外階段を降りて、本堂のある場所に戻りました。

ここの本堂の前に〝天邪鬼《あまのじゃく》〟とされている像があります。その天邪鬼は石灯籠の一部となっていて、灯籠を頭及び肩の上に載せているのです。

ユーモラスな顔をしているからか、なんとなく可愛

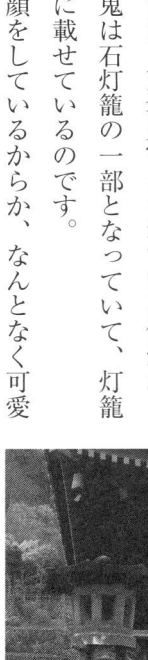

く感じて、そばに寄ってみました。

「中に入ってるのかな？　空っぽかな？」と思って見てみたら、ちゃんと入っていました。

で、話しかけてみました。

「私、君の友達を知ってるよ」

すると邪鬼はぶっきらぼうに答えます。

「友達なんか、いねえ」

「友達じゃないのか、じゃ、同じ邪鬼っていう仲間？」

「………」

「その邪鬼は木でできてるねん。しかも宝物殿に安置されてたよ」

「ふ〜ん。ワシ……石……」

「知ってる。見たらわかるから。っていうか、今のもしかしてダジャレ？」

うぷぷぷ、と１人で笑っていたら、この邪鬼は自分の頭上も石でできているから重たいのだ、と言っていました。

そりゃ、そうだろうなぁ、と同情しました。自分より大きい石をずっと持ち上げていなければいけないのは、結構つらそうです。

ここで疑問を持たれた方がいらっしゃるのではないでしょうか。

「どうしてそんなしんどい状態の像に、邪鬼が律儀に入ってるの？」と。

邪鬼は〝自分から〟このような像に入るわけではないのです。何か悪いことをして、仏様に退治されたというか、お仕置きとして入れられているのですね。

ですから、お寺のあちこちにある邪鬼の像、邪鬼の彫刻、仏像に踏まれている邪鬼などは、意外と中に入っていることが多いです。

「そんなの、怖い～」と思われるかもしれませんが、大丈夫です。像に閉じ込められているので、悪さは一切できません。そして仏様に退治された時点で、毒気も抜かれています。意地悪でも邪悪でもなくなっているのです。

元はそういう類の悪霊だったのでしょうが、なんというか、恐ろしい仏様に叱られてシュンとしたような感じになっています。

大阪の観心寺の宝物館にいる邪鬼もそうなのですが、ちょっと可愛いなぁと思える存在です。像に閉じ込められているのも永遠ではないようで、お仕置きが済めば（つまり十分反省して悪い心が消えれば）動けるようになります。仏様が改心させている途中なのですね。

仏様はとても厳しい面もありますが、やはり慈悲深いです。

天邪鬼に「バイバイ」と別れを告げ、「身代わりの瘤《こぶ》」と呼ばれる大木を見に行きました。ここの木の瘤はすごく大きくて、木の穴の中からもりもりもりーっと出ています。自然の造形とは思えないくらいの大きさです。

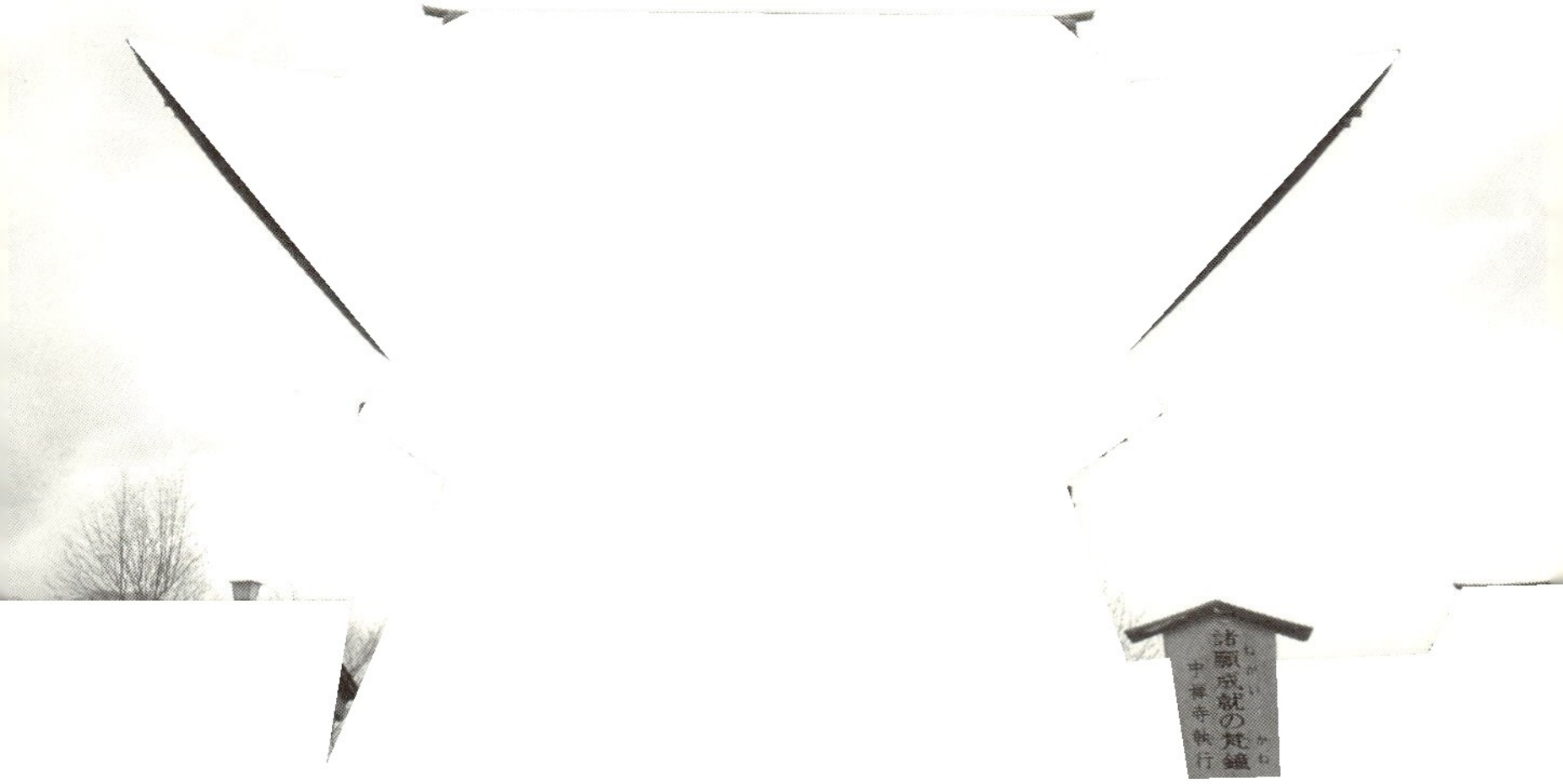

きっと多くの人の悪いものを引き受けているのでしょう。

「私の体の中の悪いものをこの瘤に封じ込めて下さい」とお願いをしました。

そして最後に鐘楼《しょうろう》に行きました。ここの鐘楼はお勧めです。

鐘をついてもいいですよ、と自由につかせてくれるお寺はそうそうありませんので、これだけでもラッキーです。

鐘楼は階段が暗くて、しかも一段一段が高いので注意しながら登ります。

鐘をつく場所も狭いけれど、ちょっとしたアトラクションっぽくて何だか妙にウキウキしました。

ここの鐘はお願いをしながらつくように、とのことです。

鐘をつくコツですが、思いっきり強くゴ〜ン！　と打った直後は棒についている紐をキュッと引きます。そうしないと、勢い余ってうっかり2回目をチョロッと打ってしまうのです。私が木の瘤を撫で撫でしている時に、誰かが失敗して2回目をコン、と鳴らしていました。大事な願いを込めて鐘をつくわけですから、その場にいる人から「あ〜あ、失敗しちゃったのね〜」という思いを飛ばされるのは避けたいところです。ここは美しく響きわたるよう頑張ってついたほうがいいと思います。

1回ついてみて、私はあまりにも心がスカーッと晴れたので、2回つかせてもらいました。

ゴ〜ン、とついた後の共鳴が、うわ〜んうわ〜んと激しく響いてしばらく止まりません。「鼓膜いた〜」とつい言ってしまいますが、その音、その共鳴の振動で良くないものが落ちます。鐘をつくのは縁起が良いですし、せっかくつかせていただけるのですから、チャレンジしてみてはいかがでしょうか。

そのラッキーを身にまとって帰れるように、鐘は最後につくことをお勧めします。

◉護摩祈祷の迫力　～輪王寺1

日光って観光客がすごいのですね！　今回初めて訪れて人の多さに驚きました。個人も多かったのですが、団体さんや修学旅行生がすごくて（紅葉シーズンだったせいもあります）、ごった返すとはこのことかと思いました。

輪王《りんのう》寺ではまず本堂である「三仏堂」を拝観しました。

修理中だったのでお堂の外観を見ることができませんでしたが、修復作業中の仏像を見せてもらえるという貴重な体験をしました。解体されている仏様を見たのが初めてで、仏様って木でできているんだなぁ、と当たり前のことに今更気づいた、という感じでした。

お堂の内部もあちこちにベニヤ板が貼ってあって少々狭く、それなのにそこで中高年の団体さん（70～80人いました）とかち合ってしまいました。

波に乗って歩くしかない、という大混雑に埋もれてしまい、そこからなかなか脱出できません。

団体さんと一緒にいては仏様とゆっくりお話すること

もかないませんので、すみませんを連発して横をすり抜けさせてもらいました。

出口に近いところで強い力を持った仏様を発見したのですが、モタモタしていたら再び集団に埋もれてしまうため、お話はあきらめてそのまま外に出ました。

順路は参拝客を次の「大護摩堂」へと誘導しています。

何気に順路に従って歩いて、というか全然期待していなくて、さらに下調べも十分にしていなかったため予備知識もまったくなかった私は、そのお堂に入ってびっくり仰天でした。

ちょうど護摩祈祷が始まったところだったのです。

護摩祈祷が見学できると知らなかったし、まさに今始まったところで、超ラッキーでした。

「ありがとうございます、ちょっとだけ見せていただきます」と不動明王にご挨拶をして、ほんの少し見るつもりが……結局、30分ほどしっかり見てしまいました。それほど素晴らしいものでした。

その様子はというと、1人のお坊さんが護摩をバンバン焚きながらパワフルに祈祷をします。

落ち着いた感じの厳かな護摩祈祷は何回か見たことがありますが、ここは非常に力強く祈祷されます。すごい迫力です。

その祈祷により不動明王が徐々に強く大きくなっていき、充電されていきます。姿を現した不

動明王は3～4メートルはあったでしょうか、かなり大きかったです。

一心不乱に祈祷しているお坊さんを、不動明王はお坊さんの真ん前に立って、じぃぃーっと凝視していました。脇目もふらずにまっすぐに、祈祷しているお坊さんだけを見ています。

護摩祈祷の間、何十人もの参拝客が来てお賽銭を入れて手を合わせていましたが、不動明王はお坊さんだけを見ていました。微動だにせず、という感じでした。

うわー！　すごい～！　と、この言葉しか出てきません。火と読経・真言で力を増してパワーアップしていく不動明王、燃えさかる炎、気合いを込めて迫力満点の祈祷するお坊さん、とすべてがすごいのです。

不動明王という仏様は、火で祈祷するからますます強くなるのだということをこの時に知りました。

ウルトラマンが小さな体から徐々に大きくなるような（皆さんおわかりになりますでしょう

か？　この例え……）、その力を与えるのが護摩の火と読経・真言なのです。

不動明王の霊力が高まって、願《がん》などがもっともっと叶いやすくなるようです。お坊さんの勤行《ごんぎょう》は仏様にとって本当に大事なのだな、とこの時しみじみと思いました。

不動明王はじっとお坊さんだけを見ているので、そのお坊さんが唱えるお経だの真言だのもしっかりと聞いています。このお坊さんが、どこそこの誰それの願がこうです、と祈祷の中で言えば、その願は叶うなぁ、と思いました。

それくらい不動明王は集中して見ていました。

私はその現場にいて、不動明王とお坊さんの深い信頼関係というか、仏様と僧侶の関係の仕組みを見たような気がしました。

お坊さんを見ている不動明王の目は、一般人の私たちを見る目とは全然違います。なんというか、お坊さんは不動明王の中に一歩入っても良い、「認めている」という感じです。

一般人の私たちは当然そんなことは許されません。

衆生である私たちは、不動明王のほうが慈悲の心で一歩出てきてくれて、そして救ってくれる、そういうイメージです。

日光に行くのであれば、この迫力ある護摩祈祷を見学させてもらわないのはもったいないです。炎で強まった不動明王の波動とお坊さんが唱えるお経のパワーがいただけるのです。

毎回このお坊さんの祈祷ではないと思いますが、他のお坊さんでも同じお寺ですから雰囲気は似たようなものだろうと思います。

ああ、いい空間だな〜、ここにいさせてもらえてありがたいな、と感謝の念が湧くそんな護摩祈祷でした。

それと、護摩を焚いている炎が不思議な形になったりもしますので、そこも見逃さないよう時々チェックしてみて下さい。

燃えさかる炎のど真ん中の部分がブチッと切れて（それも幅広く切れます）、半分から上の炎が宙に浮く、というありえない現象を私は見ました。

お不動さんはやっぱりすごい！　と実感できることと思います。

◉ミステリアスな神様がいる常行堂　〜輪王寺2

護摩祈祷のおかげですっかり満ち足りた気分になり、三代将軍家光公の廟である大猷院《たいゆういん》へは足取りも軽く行くことができました。

大猷院の手前、二荒山《ふたらさん》神社の向かいになりますが、ここに「常行堂《じょうぎょう》」があります。そんなに大きなお堂ではありません。

こじんまりとそこにあって、観光客のほとんどの人がスルーして行きます。

ここがですね、お勧めです！　イチオシと言ってもいいくらいです。

私は「常行堂」という名前を見た時に、「比叡山にもあったなぁ」と思いました。

弁慶が担いだという〝にない堂〟の一方だったな（にない堂は2つのお堂が廊下でくっついています）、山内巡拝引率のお坊さんがそこで修行をしたと言ってたっけ、しんどかったですよと笑っていたな〜、と思い出したのです。

比叡山では僧侶の神聖な修行の場ということで、常行堂は公開されていませんでした。

どのようなお堂で90日も修行をされているのか……見てみたいと思いましたが、外観を見るだけしかできなかったのです。

しかし日光では拝観させてもらえます。

「なんてラッキー♪」と、家光公の廟より先にこちらに上がらせてもらいました。

このお堂のご本尊はクジャクに乗った阿弥陀様です。この緑色のクジャクがとっても可愛いのです。

クジャクに乗った阿弥陀様は日本ではこの常行堂だけだということで、珍しいとともに何とも言えない親しみが湧きます。

周囲を守る4菩薩もクジャクに乗っています。

クジャクは背中に仏様を乗せているので、扇状に羽根を広げてはいません。可愛らしいポーズをしていますので、行かれた方はそこもご覧になってみて下さい。

案内板には、「仏教でクジャクは解毒や癒しの象徴である、ネパールやインドでは毒蛇や魔を退治する、転じて仏教では悩みや不安・病気などを消す、阿弥陀様は亡くなった人を極楽浄土に導く仏様だが、ここの阿弥陀様は心と体を正常にして下さる」というようなことが書かれていました（撮影禁止ですので必死で暗記しました。もしも記憶違いがあったらすみません）。

このお堂は参拝する人が少ないので、阿弥陀様の前に長く座っていられます。

とても心が落ち着くのでお勧めですが、もっとお勧めしたいのが、摩多羅神《またらじん》さんです。

阿弥陀様の奥に小型ですが立派なお社が設置されていて、そこに鎮座されています。

最初は「へぇ〜、お社があるのか〜」とお堂の中に神社形式のお社があることに興味を引かれました。

説明板には、「摩多羅神は阿弥陀如来と念仏修行を守るために、唐から平安時代に遷された神仏習合の神である、完全なる秘仏でそのお姿を見た者はいないと伝えられている、非常に力が強く、特に芸能などに関係が深い神である」というようなことが書かれていました。

この神様が本当に、ものすごく強い力を持っています。しかし、何も言いませんし、お姿も見せてくれません。

けれどパワーは強大で、私はお堂の中で1人きりだったので、阿弥陀様とこの摩多羅神さんのところを何回も行ったり来たりしました。

たしかに日本古来の神様とは種類が違います。牛頭《ごず》天王と似た、というか牛頭天王に近い種類の神様のようでした（牛頭天王については85ページに詳しく書いています）。

なぜかこの神様から離れがたく、もう十分かなと阿弥陀様のところへ行っても、いやもうちょっとだけと戻ってしまいます。おそばにいたいと思わせる何かがあるのです。

何回か話しかけてやっと少し言葉をいただけたのですが……不思議なことに内容を覚えていません。

お堂から出た時は、ちょっとお話できて良かった〜、嬉しい〜、と思った記憶があるので、良い会話をしたのだと思うのですが、まったく記憶に残っていないのです。

神社仏閣に参拝した時、以前はスマホにいちいち文字を入力してメモを取っていました。私はフリック入力ができないのでガラケー方式で入力しています。ですので、ものすごく時間がかかっていました。

最近は知恵がついて音声で記録をしています。しゃべったほうが断然早い、とやっと気づきました。

そのメモはできるだけ早くしているので（駐車場に戻ってすぐにしています）そんな短時間で、すべて忘れることは不自然です。

話をしている時に「この神様いいな～、とっても好き」と思ったのに、会話の内容はひとかけらも覚えていませんでした。不思議です。

摩多羅神さんが消したのかもしれません。

翌日もお昼過ぎまで日光を回ったので、常行堂を再度参拝しましたが、その時の会話も記録されていません。なんというかミステリアスな神様です。

古代中国の色が残っていて、願を叶える力は強いと思います。

私が思うに、「人を引きつける」ことに強いのではないか……、と。

私は翌日、時間がないというのにわざわざもう一度このお堂に行きました。

前日に「次はいつ来られるかわかりません。来れたら、いつかまた来たいです」とお別れの挨拶をして、自分でも納得していたのに、どーーーしてももう一回お会いしたくてたまらなくなり、参拝したのです。

それくらい人を引きつけるパワーを持っています。

その神様のごりやくですから、同じ効力を持つパワーをいただけるのではないかと思います。芸能、といっても芸事が上達するほうに強いのではなく、人々を引きつけるという〝人気〟方面に強いように思いました。芸能界を目指す人は一度行かれてみてはいかがでしょうか。

となると、恋愛にもごりやくをいただけるかもしれません。

2日目にこのお堂を出て靴をはいていたら、目の前を観光客が大勢スルーして行きます。なぜここに上がらないのだろう？　ああ、もったいない、と思いました。

常行堂は、阿弥陀様の前に座ると「ふぅ～」と癒されリラックスできますし、言い方が少し良くないのですが、お得な摩多羅神さんもおられます。

摩多羅神さんに本気で願掛けする人はいないようですので、ここは穴場であり、本当にお勧めです。

◉家光公の墓所・大猷院　～輪王寺3

徳川三代将軍、家光公の廟です。

三仏堂、大護摩堂、常行堂、と見てこの日の最後は大猷《たいゆう》院でした。

いや、予定では東照宮が最後の予定だったのですが、そのお話はまた後ほど。

まだ東照宮を見ていない私は、大猷院の豪華さに目を見張りました。

「うわぁ、すっげー！」というのが、最初の印象です。

言葉が下品で申し訳ないのですが、すご～い、とかじゃないのです。すっげぇー、と思わず口から出てしまう豪華絢爛さです。

私の場合「廟」という単語で真っ先に思い浮かぶのは京都の「豊国《ほうこく》廟」です。この時も、すっげぇーとキョロキョロしながら、心の中では寂しい豊国廟を思い出していました。

秀吉さんの廟とここの差は何？　と疑問を感じずにはいられません。やはり最後に勝った者がこうなるのかなと思いました。孫の代になるとこんなに豪勢に祀られるのね〜、と。

拝殿・相《あい》の間・本殿と連なる金ピカの社殿を見て圧倒されました。

そこから外に出ると、墓所へ通じる門があります。墓所は立ち入り禁止ですので、この門から奥を覗いて気配を感じることくらいしかできません。

家光公ってどんな人物なんだろう？　とそこでしつこく奥を窺っていたら……なんと、本人が出てきました。

金の羽織には、鮮やかな藍色の四角い模様が刺繍されています。あ、もしかしたら逆かもしれません。藍色の生地に金糸で四角く浮き出るように刺繍されているのかもしれないです。

足袋がこれまた質の良い豪華な織物で、分厚くて地模様が入っています。普通の足袋なんか履かないんだな、と思いました。

人ひとりが死んだだけで、その墓として建てた建物が驚くほどの金キラキンのピカピカで、それが初代家康ならまだしも、その孫……と考えると、秀吉さんの今を知っているだけに、その差に複雑な思いを抱きます。

「豪華ですねぇ、派手だな〜」と家光公の服を見ながら言うと、

「そこまで見えるのか？」と聞かれました。

「見えますよ。こんな服を着てますよね？」と説明すると、

「フーン」と黙って、私をじぃぃーっと見ていました。

別に家光公と話すことはないし、聞くこともなかったので、そこで失礼しました。


頭の中には質素な格好で（これは本人の好みというか、慢心した反省の証として質素な服を着ているのだと思いますが）、豊国廟にひとりぼっちでいる秀吉さんが浮かんでいました。

家光公墓所の門から遠ざかりつつ、心の中で「秀吉さんは先に死んでしまったからな〜」と同情もしました。あの時代、健康で長生きすることもお家を繁栄させる秘訣と言えるのではないかと思います。

しかし秀吉さんの場合、本人が言うように慢心してひどいこともたくさんしたようですから、天に「こいつ、アカン」と叱られたのかもしれません。けれど、何かが違っていればこれは豊臣家だったかもしれず、歴史は不思議だと思います。

私は秀吉さん贔屓なので、秀吉さんに同情する思考をしながら大猷院を出ました。

よし、次はいよいよ家康の東照宮だ、と張り切って行くと、なんと受付が閉まっています。

なんで？　と時計を見たら15時35分でした。15時30分で受付は終了なのだそうです。

ガーン！　と頭の中で効果音が鳴り響きました。

たしか私が見た観光情報では17時までと書いてありました。だからゆっくり拝観しようと最後に計画していたのです。

翌日もお昼までは日光にいる予定ですが、お昼からは別の地域の神社仏閣を回る計画です。翌日に東照宮を回すとなると、予定している神社仏閣のどこかひとつ参拝をあきらめなければなりません。

これって……もしかして徳川家の墓所で秀吉さんの味方をしたから？　と思いました。

それに加えて、家光公の豪華絢爛さに反抗的な態度も取っていますし、寸前でシャットアウトされたのもわからないでもありません。

受付の時間に関して下調べが十分でなかった自分のせいもありますが、でも、5分前だったら入れていたのです。つまり、どこかで5分を無駄に過ごさせられたのではないだろうか、と思いました。

そう考えると、少し腹が立って「家康って器が小さいのかな」「秀吉さんに同情することすら許せないって、心が狭すぎ～」などとブーブー言いながら駐車場に向かいました（我ながら人間ができておりませんね、私は……）。

◉家康さんの人柄　～東照宮

私が日光を訪れた時は秋の行楽シーズン真っ只中、観光客が殺到している状態でした。ですからホテルも日光では取れませんでした。

日光から車で30分ほど走ったところに鬼怒川温泉があります。そこにほんのわずかに空いていたホテルを見つけて予約を取りました。日光まで往復1時間余りのロスですが仕方ありません。

翌朝、私は朝早くにホテルを出発しました。

前日に日光から鬼怒川温泉へ行った時は普通の道路……という言い方はおかしいのですが、普通に街の中を走りました。もちろんナビの誘導で、です。

それが翌朝になると、ナビが違う道を走れ、と案内するのです。

これは渋滞回避で裏道を案内しているのだろうと思っていると、どんどん街からはずれていきます。

結果から言うと私が「東照宮」で検索したため、日光の裏側に出る道で案内されたようでした。着いた場所が裏側だったからです（そこから表に行くのに苦労しました）。

その山あいの道を走っていた時の出来事です。

運転していたら前方の対向車線に何かがあるのが見えました。どうやら車に轢かれた動物のようです。この時、対向車はなく、私の前後に数台の車がいるだけでした。

「猫？」と最初は思いました。

犬が轢かれているのはあまり見たことがなく、大抵車に轢かれるのは猫だからです。

近づいて行くにつれて、まだ轢かれてそんなに時間がたってないようだと思いました。死体がこんもりとしていたからです。

猫は道路の真ん中で立ち止まるからなぁ、と思いつつ、そばを通る時によく見ると……。

なんと！　それは猫ではなく、タヌキだったのです。

「うわー、タヌキだ〜！　珍しい〜！」と叫び、そこで、ふと「え？　タヌキ？」とその偶然に気づきました。

家康はタヌキと呼ばれています。その家康の墓所に行こうとしている時にタヌキの死骸に遭遇する……こんなできた話ってアリ？　とも思いました。

そこで、これは写真を撮らねば！　と考えましたが、この時点ですでにかなり走っており、結構な距離を戻らなければなりません。

加えて後続車がいるし、停車するスペースはないし、２車線の細い道ですからＵターンも切り返さないと無理です。周囲に迷惑をかけることが明白でしたので、仕方なくあきらめました。

運転をしながら、家康はタヌキと呼ばれている、そのタヌキが死んでいた、これは一体何を意味しているのか……う〜ん、う〜ん、と考えましたがわかりません。

ンモー、謎かけはやめてほしいわぁと、それでもしばらく考えましたが、集中して脳みそを使っていると頭痛がしてきたのでギブアップしました。

意味を考えるのはあっさりやめて、なぜ、それを見せたのかを考えてみました。

もしかしたら拒否方向かもしれない、私は秀吉さん贔屓だしね、ま、それならそれで仕方ないわね、とここでスッパリと気持ちを切り替えました。

歓迎されていないようだから東照宮は後にしよう、まずは大護摩堂へ行き、それから滝尾神社へ行って、貴重な朝の清浄な時間はお不動さんと神様に使おうと決めました。

実はこの日も大護摩堂での朝一番の護摩祈祷を見ようと、早くに出発したのでした。

先にその話をすると、たしかお堂の中の案内板には8時、と書いてあったような気がしたのですが（得意のうろ覚えです）、実際は7時半で……8時に到着した時はすでに終了していました。

ああ、残念、と東照宮のほうに歩いて行き、滝尾神社への道を行こうとすると、

「先にこちらに来い」と声だけが聞こえます。

「えー、後でいいんですけど～」と、全然乗り気じゃありませんという意思表示をしましたが、

「こっちこっち」と言うので、東照宮から参拝しました。


日光東照宮、すごいです。

このひとことで終わってもいいくらいです。

門を一歩入って、息を飲みました。

家光公の廟とは比べ物にならない豪華絢爛さです。お金かかってます感が半端ないです。

ゴージャスな雰囲気に圧倒されつつ見ていくと、有名な〝三猿〟「見ざる言わざる聞かざる」がありました。

それが厩舎《きゅうしゃ》の彫刻で、「え！　馬小屋の彫刻だったの！」とこれまた驚きです。

あの～、識子さん、それって常識ですけど～、と思われた方がいらっしゃるかもしれませんが、

勉強不足で知りませんでした。おかげで心の底から驚くことができました。

三猿は何か重要な社殿の彫刻だと思っていたので、馬小屋までがこの豪華さ！　とそこに徳川家の権力を見た気がしました。

圧倒されっぱなしの私は、ひたすら左右をキョロキョロして、「へー」とか「ほー」とか言いつつ見せてもらうだけです。

現代人の私でもそうなのですから、昔の人は度肝を抜かれただろうなぁと思いました。勝者の余裕というか、覇者の力というか、改めてそういうものを感じた伽藍の数々でした。

早朝だったのでお掃除をされてた人が１名と関係者らしき人が１名いただけで、境内は静かでした。そこから家康の墓所と言

われる奥宮へと登って行きます。奥宮でも幸いなことに私1人だけでした。

家康のお墓と言われる宝塔は質素で、下にある拝殿だの本殿だのに比べて地味過ぎて、ちょっと違和感がありました。

私は奥宮に行くまでの道で（少し歩きます）、秀吉さんについて考えていました。

『運玉』という本に詳しく書いていますが、今の秀吉さんは神様にもなれず仏の道も歩めず次元の空間に取り残されています。400年間、ずーっとひとりぼっちでした（最近は豊国廟を訪れる人が増えたようで少しずつ状況が変わってきています）。

そういうかわいそうな状態に陥れた家康は、こんなに派手で美しい伽藍に囲まれたところに手厚く葬られているのです。そして大権現とやらになっているわけです。

「自分だけ神様になってて、何なん？　それは！」と、私は腹が立っていました。

400年もの間、自分はぬくぬくしており、陥れた秀吉さんは寂しいながらも自分の犯した罪を反省していて、それでもひとりぼっちで……と思うと家康って人間的にどうなのよ、と思いました。

で、大人げないと思いつつも、我慢ができず、

「秀吉さんを大明神で祀ってしまって、その後神社も取り壊したから秀吉さんは空間に取り残さ

重要文化財 奥宮御宝塔（御墓所）
御祭神家康公の神柩をおさめた宝塔である
八角九段の基盤の上にたち高さは五米
当初は木造であったが、石造に改められ五代
将軍綱吉公の時、現在の唐銅製（金・銀・銅
の合金）に改鋳された。
鋳工椎名伊予の作。 この神柩は三五〇年
式年大祭（昭和四十年斉行）を記念して、
特別に公開されている

れたんですよ。仏の道にも行けないし、神様にもなれないんですよ！」と、奥宮に着いた時に強めに文句を言いました。

私が言わねば誰が言う、という気持ちもありました。

すると家康はしょんぼりとした口調で、

「悪いことをしたのぉ～」と〝心の底から〟この言葉を言いながら出てきました。

そこには後悔という感情も込められていて、口だけ、うわべだけでないことは感覚でわかりました。

その言葉には「すまなんだ」という謝罪の念も入っていました。

家康が言うには、自分はその時は人間だったから、見えない世界の仕組みがよくわからなかった、だから秀吉公がそのような状態になってしまうことも知らなかった、ということでした。

当時家康は、秀吉さん本人に対しては太閤殿下と呼んでいたのではないかと思いますが、それは相手を敬う言い方です。今は人間だった時の身分も何も関係ありませんし、後世の私と会話をしているのですから、私にわかりやすく秀吉公と言ってくれます。

豊臣家は完全に潰しておかないと怖かったとも言います。

秀吉さんを八幡様にしてしまうと豊臣家は潰せなくなるかもしれないと、本気で思っていたらしいです。どうしてかというと八幡様は戦《いくさ》の神様、軍神だからです。

ですから自分に力がある今、徹底的に壊して潰しておかないと怖い、と諸々のことを実行したというお話でした。

知らなかったとはいえ悪いことをしてしまった……罪深いことをした、という後悔の念をものすごく発していました。

そこに嘘はなく、家康さんは（ここから呼び捨てにするのはやめました）元気なくしょんぼりとうつむいていました。

そうだったのか……と家康さんをよく見ると、金糸の着物に白い丸の模様が入ったものを着ています。

そのような生前の着物を着ているということは神様ではないわけで……、

「あのー、家康さん、権現様にならなかったのですか？」と聞いてみました。

家康さんは自分はそんなんじゃない、とみずからの意思で権現になるのはやめたそうです。

静かにあの場所にいて、大勢の参拝客が笑顔でワイワイと楽しんでいる様子を見るのが好きだと言っていました。

身分の上下がない自由な社会、凄惨で悲しい戦がない穏やかな世界、戦国時代から考えると夢のような平和な国・日本を見ているのが大好きなのだそうです。

自分の廟を日光に作ったことによって、この素晴らしい信仰の地に多くの人が訪れるようになり、日光にも人々にも良い影響があることも嬉しいのだそうです。

人々の平和を心底喜んで見守っている、そんな雰囲気です。

いくつか話をしていて、

「下の伽藍はすごいですね～。漆塗りに金箔に細かい彫刻、美しい彩色が燦然と輝いてますものね」と言うと、家康さんの顔が曇りました。

というのは、自分が派手にしてくれ、と言ったわけではなく、あとからの者が華美にした、と言います。

自分は元々派手なことが好きではない、と言っていました。

さらに死んであちらの世界に行くと、見栄とか名声とか人より偉く見られたいとか威張りたいとか、そういうものが全部取れてなくなるのだそうです。

するとそこに残るのは本来の自分です。

家康さんは、そういう派手なことが本当に好きではない、と気づいたのだそうです。だから拝殿だの本殿だのに行かず、ここでひっそりしているのだと言っていました。

そういえばきらびやかでハデハデな社殿で家康さんの気配は感じませんでした。家康さん本体は宝塔のところに、静か～にいるのです。

「自分も秀吉公と何ら変わらない」というようなことも言っていました。

家康さんは世間で言われているほど、腹黒いとかそんな人ではありませんでした。あ、もしかしたら、人間の時はそうだったのかもしれません。けれど本質は違います。亡くなって見栄だの権力だの天下人だのそういう人間独特の装飾が取れている今、素朴で地味な大人しい人です。

ずっと私1人だったので、奥宮の宝塔の周囲をゆっくりゆっくり1周して、さらにもう1回まわりました。心ゆくまでお話をして奥宮を出ようとした時に、小学生の修学旅行団体がうわーっと来ました。家康さんがギリギリで止めてくれていたようです。

ちなみのこの後の本殿拝観も私1人きりで、思いっきり堪能させてもらいました。もう十分だなと出ようとしたら、先ほどの小学生たちの集団がにぎやかにやって来ました。ここでも1人きりの空間を何とか維持してくれていたのでした。

そうか、それで滝尾神社に行くよりも先にこちらに来い、と言ったのだなとわかりました。

陽明門を出ると、高校生や中学生の修学旅行団体、中高年のツアー団体などで混雑していました。その人数に驚きです。

早朝ではない時間に入っていたら、この人数だったのです。1人きりになるのは無理です。家康さんがどんなに頑張っても不可能だったと思います。つまり、早朝にしかそのチャンスはなかったのでした。

なるほど、それで前日は5分遅れで入れてもらえなかったのか、とあれは意地悪ではなかったことが判明したのでした。

表門のところで、

「もう帰るのか？」と聞いてきます。

「滝尾神社に行ってみます」と言うと、少しの間一緒に歩いてくれました。私の右横にいて並んで歩きます。

家康さんの身長は私とほとんど変わらない高さでした。（ちなみに私は158センチです）で、ふと見るとチョンマゲを立てて結っています。

「えええーっ！」

と、心のなかで大絶叫しましたが、あ、そうか、チョンマゲって家康さんにとっては普通なのか、と気づきました。

一瞬、なんでチョンマゲになんかしてるの！　と思ってしまったくらい、実物を見ると（あちらの世界ですが）インパクトあります。逆の意味で。ものすごく変です。

チョンマゲは正面から見るとそう目立たないので、普通はスルーしてますが、真横でまじまじと見ると違和感があります。本当に日常的にこうやって結っていたのだなと思いました。

家康さんは腰も曲がって、背中もちょっと曲がっていて、年寄りくさかったです。

「あの〜、こんなことを言うのは何なのですが、その姿はものすごくおじいさんに見えますよ?」

「じいさんだから」と自分で笑っています。

「徳川家康! っていうイメージはこれですよ」と、頭の中で有名な肖像画を思い描いてあげました。

すると、「フフフ」と笑っていました。顔が微妙に違うと私は思いました。

天ぷらにあたって死んだことになっていますけど? と聞くと、それも違うそうです。寿命だと本人は言っておりました。


ここからは私が感じた印象です。

「秀吉公には悪いことをした」と後悔していたのが、家康さんの本心です。

人間は死んだら、見栄や権力から解放されると同時に、低い波動の感情からも解放されます。ですので、秀吉さんがどうなっていようとそんなことは知ったこっちゃないわ、などという気持ちは持てません。逆に持っていたら、それは良くない霊ということになります。

家康さんは権現とやらにはなっていなくても、丁寧に祀られているのです。しかも多くの参拝客が昔から来ていますから、そんな低い波動の存在ではありません。

家康さんも秀吉さんも、歴史という怪物に翻弄された人生だった、という感じがしました。

あれが戦国時代でなければ……。もしも現代だったら……。

秀吉さんは腹を割って人と付き合う、人の懐に飛び込むことができる明るい性格です。人なつっこい、他人を虜にする魅力があります。

家康さんは物静かで思慮深く、軽はずみというかおちゃらけた部分はありません。ちょっと地味でシャイでおっとり系です。

この2人が戦国の世ではなく、現代の学生として出会っていたら、大親友になれていたのではないか……と思います。でこぼこコンビぶりがぴったりなのです。

冗談を言って肩を叩いて大笑いしたり、時にはケンカもして、でもお互い信頼していていざとなると自分を犠牲にしてでも助け合ったり……。本来の自分として生きることができた世の中だったら、一生無二の親友でいたかもしれません。

そう想像すると無性に悲しくて、乱世を生きるのは難しかったのだろうということに思いが至りました。

2人ともいい人なのです。

秀吉さんは晩年、慢心して良くないこともしました。けれども、人間としての本質は人生前半に表れているのではないでしょうか。

農民出身ながら織田信長に気に入ってもらえたのも、竹中半兵衛を説得できたのも、その人柄ゆえだと私は思います。

時代って残酷だなぁ、としみじみ思いました。

この日、滝尾神社や女峰山を少し登ってみたり、常行堂にもう一度参拝したりして半日を過ごし、最後にもう一度東照宮に行きました。

その時はすでにものすごい観光客で、表門（チケットを買わずに行ける一番奥です）のところで家康さんにご挨拶しました。

記念におみくじをひとつ買って広げると、そこには「虚飾を去れ」という言葉が書かれていました。

深い言葉だと思います。

家康さんの人生観とか自分の失敗からの教えです。

あちらの世界に身を置いて真理を悟った家康さんは、人間特有の虚飾というものは真の自分を曇らせる、と伝えたかったのではないでしょうか。これは私だけでなく、この本を読んで下さっている皆様にも伝えたかったことだと思います。

虚飾部分に意味をつけるなよ、そこに意味を見出すでないぞ、と。
ありがたいアドバイスです。
この言葉は、この先一生大事に持っていたいと思いました。

第二章
平将門怨霊伝説

◉将門さんは怨霊なのか？

歴史に関しては「興味がある時代だけ詳しい」もしくは「興味がある人物の周辺にだけ詳しい」という人が多いのではないかと思います。

私もその1人で、学生時代はそれなりに興味がない時代も暗記しましたが、記号として覚えた内容は時間の経過とともにどんどん薄れていきます。

そんな私に読者の方から、平将門《たいらのまさかど》怨霊説についての質問が届きました。ブログを始めて間もない頃です。

その時の私は、〝平将門〟という名前だけは知っていましたが、それが誰なのか何をした人だったのかは記憶の彼方で……、そこらへんのただの一武将だろうと思っていました。

「ええーっ！　マジですかっ？」と、本の向こうで目が点になっている人が多いと思われますが（特に関東地方にお住まいの方）、ええ、そうなんです。名前からして平家《へいけ》の人物ということはわかるのですが、平清盛《きよもり》ほど有名じゃないし（私の中で、です）、総大将クラスではなく、そのあたりの一武将なんだろうな、と。

もらったメールには将門さんの首塚《くびづか》に関する説明があり、将門さんは怨霊なのでしょうか？と書かれていました。

平将門とは誰なのか、怨霊説とは何なのか、まずはここから書きたいと思います。

将門さんの生涯を簡潔に言うと、時代は平安時代の半ばです。北関東の一豪族だった将門さんはとても戦に強かったそうで、周辺の豪族を次々に打ち破って領土を増やしていきました。

そして将門さんは関東の支配者になります。

みずから「新皇《しんのう》」と名乗って京の政権から独立し、この反逆行為により将門さんは朝敵となってしまいます。

将門さんは長生きをしていません。30代後半で、戦場にてその生涯を閉じています。敵から射られた矢に当たったのだそうです。

朝敵ですからそのまま葬ってはもらえず、はねられた首はわざわざ京まで運ばれて……そこで晒《さら》し首にされています。

将門さんは首だけになってもまだ激怒しており、晒されて３日目に夜陰に乗じて首だけで関東に向けて飛んでいったのだそうです。

しかし力尽きて武蔵国の芝崎村付近に落ちた、となっています。

それが現在の東京都千代田区大手町にある首塚周辺です（落ちた場所については数ヶ所、伝承地があります）。

関東大震災で崩れるまでこの首塚には墳墓がありました。高さが６メートル、周囲が27メートルもある大きなものです。近くに蓮池も造ってあってそこそこ広い場所だったようです。

落ちた首は地元の人に丁寧に葬られたのか、そこからしばらくは何もありません。

それが死後約３５０年も経った鎌倉時代に、いきなり怨霊としてクローズアップされます。首塚付近で天変地異が頻繁に起こったため「これは平将門の祟《たた》りだ！」ということになったのです。

そこで怨霊を鎮めるために、将門さんは僧侶によって神田明神に合祀《ごうし》されます。

神田明神に祀られてから祟りの話はまったくなく、江戸時代には江戸の守り神として現在の地に移転され、信仰を集めていました。

そこからさらに時は流れて大正時代、関東大震災で首塚が壊れてしまいます。

その跡地に大蔵省の仮庁舎が建てられることになったのですが、関係者の不審死が相次いだため、これは将門さんの祟りではないか、と再び怨霊扱いを受けています。結局、大蔵省の仮庁舎は取り壊され、慰霊祭が行われています。

第二次世界大戦後、ＧＨＱがこの地を駐車場に造成しようとしましたが、ここでも死者が出たため計画を取りやめたのだそうです。

……というわけで、一部の人の間では将門さんは恐ろしい怨霊である、となっているそうです。

これは別の人からの質問ですが、今でも神田明神にお参りする人は成田山新勝寺へ行ってはいけないという都市伝説があるそうで、本当でしょうか、と書かれていました。

成田山新勝寺のご本尊は不動明王です。このお不動さんは、将門さんが起こした「平将門の乱」の平定のために京から持って来られた仏様だそうです。

将門さんを調伏《ちょうぶく》したお不動さんだから、その関係で両方を参拝するのはタブーということになっているとメールには書かれていました（ちなみに不動明王像は空海さん作です）。

この話は興味深く、事の真相を知りたいと思いました。

というのは神様として祀られたのに、怨霊になって災いを起こすはずがないからです。

しかし東京は遠く、メールをもらった当時は行く予定もなくて、というか経済的余裕がなかったので、泣く泣くそのまま忘れることにしました。

◉将門さんの最初の印象　～神田明神1

念願の首塚と神田明神に行くことができたのは、それから2年以上がたってからでした。

首塚は想像していたよりも若干広く、お参りする人が次々と現れるので驚きました。

メールをもらった時に少し調べたら、首塚に行くと祟られるとか、怨霊のせいで体調が悪くなるとか、恐怖を煽《あお》るような記述を多く目にしました。写真などもわざと夜の写真を載せていたり、おどろおどろしく撮影してあったりで、本当に霊がそこにいるような印象を受けました。ですから誰も参拝していないだろうと予想していたのです。

しかし実際は「将門さんのお墓」という捉え方をしている人が多いようで、皆さん丁寧に手を合わせていました。首塚に入る手前できっちりしたお辞儀をしていたおじさんもいました。

敷地に入ってみるとこれが不思議なことに、かすかに〝神社の波動〟が残っています。土地がお寺ではなく〝神社〟という感じなのです。

お線香が焚かれて、香の匂いがあたり一面に漂っていましたが、お寺の気配ではありませんでした。

しかも、小さな小さな眷属《けんぞく》が何体かいて、その土地というか空間を守っていました。

昔は神田明神がそのあたりにあったそうで、神社の移転がうまく処理されていないのかなぁと思いました。

案内板には、【江戸時代の寛文年間この地は酒井雅楽頭の

上屋敷の中庭であり……（以下省略）】と書かれていて、中庭に首塚があっても平気で暮らしていたということは、怨霊だという考えがまったくなかったことを示しているように思いました。将門さんは江戸の守り神として崇《あが》められていたようです。

将門さんはその場所でとても大きな顔として見え、強くて勇ましい武将というのが私の第一印象です。しかし、将門さんはここにはいませんでした。でっかい顔はシンボルとしてそこにある、といったふうで将門さん本体はいないのです。

もちろん怨霊の念などもまったくなく、心霊スポットのような不気味な雰囲気を想像していた私はあまりの違いに拍子抜けするくらいでした。

小さな眷属が守っているということは、この土地は大事な土地だということであり、しかしそれは将門さんを守っているのではなくて……「う～ん、意味がわからない」と思いました。

その足で、神田明神にも行きました。

まず境内に入って思ったのは〝江戸〟です。江戸の町の「気」が色濃く残っているのです。それは京都や他の土地とはまったく違う独特の雰囲気です。

社殿でご挨拶をすると、見えたのは観音様でした。

そんなはずはないよなぁ、とこれは明らかに自分の見間違いだと思いました。

少し時間をおくために社殿の周りを軽く一周して、それから再び手を合わせてみました。しかしやっぱり見えるのは観音様です。香炉も見えます。

おかしいな、どうして観音様が見えるのか……と疑問に思ったのですが、重要なのはそこではなく将門さんなので、とりあえず観音様のことは気のせいであると自分に言い聞かせました。

肝心の将門さんはというと、神田明神のどこにもいません。

あれ？　ここにもいない？　そんなはずはないんだけど……と思ったのですが、将門さんは境内のどこにもいませんでした。

そこで、将門さんを呼んでみました。すぐには来てくれませんでしたが、しつこくしつこーく呼んでいると、

「あー、もー！　ウザいなぁお前は！」という感じで来てくれました。

「何を聞きたいのか」と言うので質問をしたのですが、将門さんの答えがうまく聞き取れません。

これまた不思議な現象で、普通神域《しんいき》であれば境内のどこにいても神様の声は聞こえます。神様とつながることができます。

しかし将門さんとはうまくつながることができず明瞭に聞き取れないのです。こんなことは初めてで境内をあちこち動き回って場所を変えてみました。

その結果、やっと1ヶ所だけハッキリ聞こえる場所を見つけました。

社殿右横にある噴水の前です。そこだとクリアに聞こえるのです。

これはなぜ？　とまたしても疑問が湧きましたが、そんな質問をしているうちに将門さんが「さらば」などと言っていなくなったら困ります。とりあえず最初の祟りとされている鎌倉時代のことについて聞きました。

「晒し首にされたことが悔しくて、その怨念で祟りを起こしたのですか?」

将門さんの答えは非常にあっさりとしていて、

「いつまでもこだわるわけがないだろう」とのことでした。

ニュアンス的には「きっぷがいいこのオレが、そんなことにいつまでもこだわっているわけがないではないか」みたいな雰囲気でした。

たしかにっ! と、ブンブン首を縦に大きく振ってしまうくらい、その回答は腑に落ちました。

将門さんの放つ「気」が、一本気で腹を括ったら後ろは振り向かない潔さ、困っている人を見捨てることができないという男気のある気性、竹を割ったような性格を物語っていたからです。

恨みで他人に祟るような器の小さい人物ではありません。

その証拠に、首だけ京まで持って行かれて晒し首になっても、死後350年余りの間、怨霊扱いされていないのです。

もしも本当に怨霊になって祟りを起こす人物だとしたら、もっと早くに祟りの現象が起こっているはずです。昔の人は今よりはるかに祟りや怨霊に敏感で、疑わしいとすぐに祀っていました。

ですから350年もそのままだったということ自体が怨霊ではない証拠なのです。

「ではなぜ、首塚を壊そうとすると不吉なことが起きるのでしょうか?」と聞いてみました。するとあの場所は触ってはいけない土地だと言っていました。あそこは土地のままおいておくべきところなのだそうです。

これは後日、他の神社でもそう言われました。首塚は触ってはいけない〝大地にとって大事な場所〟なのだそうです。鹿島神宮・香取神宮の両神様がそうおっしゃっておりました。

神田明神は参拝客が多く、つながるのが難しいところです。せっかく将門さんとつながっていても、噴水のところに人が来れば、私だけが独占するわけにはいかないので遠慮して場を空けます。みんな写真を撮るために噴水に来るので私がそばにいては邪魔だからです。写らないように少し向こうまで行かなければなりません。

それを何回か繰り返してちょっとずつ聞いたわけですが、将門さんは

「オレの関東はオレが守る！」という意識が強いお方でした。

私の印象は、神様という感じではなく……かといって、仏様のほう？　かというと、それもちょっと違うのです。何だかいまひとつよくわからない、というのが正直なところでした。

ただはっきり言えるのは、神田明神に常駐していない、ということです。首塚にいるのでもありません。

それはつまり、どこか他の神社にいるということになります。

神田明神で呼ぶと、来てはくれます。来てはくれるのですが、ほんの少ししかつながれません。しっかりお会いするには本体がいる神社に行かねばならず、それはどこの神社なのだろう……？と思いました。


そこで、将門さん関係の神社がどこにあるのかを調べてみました。

都内にいくつかあり、他の県にもあったのですが、「きっとここだな」と強烈に磁力を感じたのは「國王神社《こくおう》」でした。場所は茨城県坂東市です。

行ってみたい！　と思いましたが、関西から見ると茨城県は東京よりさらに遠いです。ですのですぐには行動に移せず、でもまあ、いつかそのうち行ける日も来るだろう、その時でいいや、と考えていました。

その機会は意外と早くやってきて、その年の11月に行くことになりました。

せっかく関東を回るのですから、國王神社だけでなく私が外せないと思った将門さんゆかりの神社は全部まわってみるべきだと思い、神田明神・國王神社・延命院・北山稲荷大明神に行ってみることにしました。

◉二度目の参拝　～神田明神２

将門さんを訪ねる旅は、前回何が何だかよくわからなかった神田明神からスタートです。

社殿にお参りしていたら、将門さんの最期の時の顔と感情が見えました。憤怒の形相で「クソーッ！」とか「ウォーッ！」と叫ぶ感じです。

それは敵に対してではなく、単純に「自分の命が終わってしまう」その悔しさで、命を奪った相手に向けているのではありません。

ああ、なるほど～、本人が言っていたように人を恨むような人物ではなかったのだな、と思いました。

将門さんはすでに来ているはずですが、またしてもうまく聞き取れず……境内をぐるっと一周しました。何かがおかしいと思いながら噴水のところに行くと、やっとそこでつながることができました。

なぜ、噴水のところでしか話ができないのか？　を最初に質問すると……。

「岩の上の獅子に宿っている」と完全に予想外のことを言います。

「え？　将門さんはここのご祭神ではありませんか」と、なんで？　どうして？　理由は何？

という気持ち丸出しで聞くと、

「武士としての矜持」みたいなことを言います。そのプライドは何に対してなのかというと、将門さんは神田明神のご祭神から一時期、外されていたということでした。

そこの部分をちょっと書きます。
将門さんは神田明神に祀られて、長い間江戸の人々を守ってきました。しかし、明治の世になって再び朝敵扱いされたのだそうです。
【明治7年、明治天皇が行幸するにあたって、天皇が参拝する神社に逆臣である平将門が祀られているのはあるまじきこととされて、平将門が祭神から外され、代わりに少彦名命が茨城県の大洗磯前《おおあらいいそさき》神社から勧請された。平将門神霊は境内摂社に遷された（Wikipedia より）】

それは……神田明神ご祭神の将門さんよりも明治天皇のほうが位が上ということで……ひゃ〜、よくそんなことができたなぁ、と明治政府に驚きます。

それまで人々を守ってもらった恩を忘れて、「こいつ、昔、逆臣やったからアカンわ。明治天皇に失礼や」と明治天皇が神田明神を訪れる、ただその時のためだけにご祭神から外しているのです。

再びご祭神として復帰させたのは昭和59年です。昭和59年って、ついこないだじゃん、とさらに驚きました。

将門さんからすれば、「またご祭神に戻しますよ〜、はいはい戻って下さいね〜」と言われても、「おめおめと戻れるか！」というのが心情のようでした。

だろうなぁ……失礼にもほどがあるよねぇ、と私は思いました。

外されたからにはオレは戻らない、と断固たる意思が伺えます。オレは気が短い、とも言っていました。

ご祭神として社殿に鎮座していないので、神田明神に来た時は噴水の岩山のてっぺんにある獅子の像に宿るのだそうです。

やはり、この神社には常駐していなかったのでした。

その日も社殿で手を合わせたら、観音様が見えました。どうしてもその観音様が前面に出てきます。

そこで、将門さんに聞いてみました。なぜ、観音様がここにいるのか、と。

すると将門さんは、「違う」と言います。

「お前の見間違いだ、よく見てみよ」と。

観音様ではなく、摩利支天《まりしてん》である、と将門さんは言うのです。

「は？　摩利支天って……誰？」

どこかで聞いたことはあるような気がしますが、しっかり仏教を勉強していない私は仏様を全部知っているわけではありません。毘沙門天とか広目天とか、天部《てんぶ》の仏様には「天」がつく、という程度の知識しかないのです。

高野山の宿坊で、不動明王と毘沙門天はどっちが強いのでしょうか？　と質問をしたことがあります。

そこで「明王」と「天」がつく仏様は「明王」のほうが上である、と教えていただいたくらい、仏教という宗教の教義に関してはうといです。

摩利支天はその中の1人だと思われますが、私の〝個人的印象〟として「天」がつく仏様は勇ましいです。

しかし、私に見えている仏様は優美なお姿であり、観音様としか思えないのです。

「どのような姿に見えているのか」と将門さんに聞かれたので、

「薬師寺の日光・月光《がっこう》菩薩のような……」とここまで言って、え？　菩薩？　あのポーズって菩薩？　あれ？　観音様じゃなくて菩薩なのかな？　と思いました。

菩薩なのか？　と必死で考えている時点で、摩利支天だと言っている将門さんの言葉を頭から信じていませんね、私は。相変わらず信心が足りないです。

将門さんはそれ以上何も言いませんでした。

神田明神の門を出る時、スマホで「摩利支天」を検索してみました。

すると、軍神として武士に信仰された、みたいなことが書いてあって、ほらー、やっぱり勇ましい軍神なんじゃん、違うってば、私に見えているのは、観音様か菩薩様のような優美な優しい感じなんだってばー、将門さん変なこと言うなぁ？　などと失礼極まりないことを思いながら神田明神を後にしました。

しかし、一時期自分がいた神社のことを将門さんが間違って教えるはずがなく……この本を書くにあたって改めてしっかり調べてみて、腰を抜かすほど驚きました。

摩利支天は「摩利支天菩薩」とも呼ばれており、なんと！　女性の仏様として優美なお姿で描かれている仏画があるのです。

そうそう！　私が見たのはまさしくこういう感じ！　という仏画です。

うわぁ！　ど、どうしよう……と、実は今これを書きつつ頭を抱えています。

将門さんに謝りに行かねばなりません……。信心が足りないとこういうことになります。私は何回もこれを繰り返していますが……学習能力ゼロなのでいまだに時々やってしまいます。(泣)

話を戻して、将門さんと摩利支天の会話をした時に、

「では、仮に摩利支天だとして（ひー、なんて偉そうな物言いでしょうか。事実を知った今、胃が痛いです）、神道という別宗教の場所にいることができるのですか？」と聞いてみました。

すると、神田明神の社殿は、千木《ちぎ》が組んであるような神殿（いわゆる神社神社した建物ですね）ではないから大丈夫、ということでした。

そこでぞろぞろと多くの観光客が来たので、神田明神での会話はこれで終了しました。

2回目も将門さんとだけしか話をしていませんが、神田明神には神様がいらっしゃって摩利支天さんもいます。

摩利支天さんは護身・蓄財・勝利などにごりやくがあるそうです。神田明神に行かれたら、他の人はいることを知らないこの仏様に直接お願いしてみてもいいのではないかと思います。

◉将門さんの娘が刻んだ像がはじまり　～國王神社

【社伝によると、平将門の戦死の際、難を逃れ奥州の恵日寺《えにちじ》付近に庵を結び出家し隠棲していた将門の三女如蔵尼《にょぞうに》が、将門の33回忌にあたる972年（天禄3年）にこの地に戻り、付近の山林にて霊木を得て、将門の像を刻み、祠を建て安置し祀ったのがはじまりとされる（Wikipediaより）】これが國王神社について書かれている情報です。

私が國王神社に行ったのはお昼を少しまわった時間でした。神社には参拝客が1人もいなくて散歩をする人すら周囲に見当たらず閑散としていました。社務所っぽい建物も閉まっていて、さびれた感じが漂っていました。

こんな雰囲気だったのか……と、想像とはまるで違っていたので意外に思いました。こう言っては失礼かもしれませんが、ちょっと陰気に感じてしまうところもありました。しかし古くからある神社のようで歴史はあります。

社殿も珍しい茅葺きで、見ようによってはなんだか可愛らしい神社です。

手を合わせてみると将門さんはいましたが、常にここにいるのではなく「気が向いたらここにも滞在する」という感じでした。

とりあえず社殿の中を覗かせてもらうと、将門さんがモデルであろう現代絵画や、神社の由緒となった将門像の写真パネルなんかが置いてあります。そのパネルの木彫りの像を見て、

「彫刻って誰にでもできるものじゃないし、これって後付け？」とこっそり疑っていると、「それは本当の話だ」と、〝即座に〟答えが返ってきました。

私が疑問を持った瞬間に返答されたので、この神社の由緒は後付けの作り話なんかではなく、本当に娘さんが起源なのだと思います。ちょっとだけですが、その娘さんの姿も見えました。

「将門さんはいつもここにいないのですか？」と聞いたところ、

「こんなさびれたところにいるのはごめんだ」

というようなことを言います。

関東の覇者であり、新皇とまで名乗った人ですから、ちょっぴり派手好きで前に出たい、目立ちたいという部分があるようです。

でも、わかるわ〜！　と強く同意してしまう

ほど、この神社は〝平将門〟という人物とは合わないと思いました。誰も来ないし、シーンとしているし、社殿も良く言えば侘び寂びの世界ですが、壮麗ではないし……。

新皇と自ら名乗った人なら、そうだろうな、そう思うだろうなぁ、わかる～、と思いました。

さらに突っ込んで聞こうとしたら、これ以上のことは教えてくれず将門さんは気配を消してしまいました。そこで次は胴塚と言われている場所に行ってみました。

◉胴塚　～延命院

胴塚は神田山如意輪寺延命院が正式名称で、そのとても静かなお寺の一角にあります。石碑が建ててあって「参拝する対象はこの石碑ですからね～」みたいな感じなのですが、その後ろに立派なカヤの大木があります。

見ると、そのカヤの木の下に首がない死体が見えて（あちらの世界で見える光景です）、「ああ、ここにあるなぁ」と思いました。

首のない死体は確実に埋まっているのですが、それが将門さんのものかどうかは断言できないです。

カヤが立っている場所は塚なのか、土がこんもりと盛り上がった形状になっています。その盛り上がった部分を、カヤの根っこが「大地をガッチリ掴んでいるぜ！」といったふうに……例え

て言うなら、鷲がその足で獲物をグッと掴んでいるような、そんな感じで握っているのです。

カヤの根っこは力強く、太く、大地に負けないパワーがありました。すぐそばにあった建物も根っこの力で少し傾いていました。

おぉ～、すごい木だなぁ、千年は生きているんじゃないだろうか、と思いつつ見ていたら、将門さんの気配がしました。

自分と関係がある場所を回っている私に興味があったのだと思います。チャンスを逃すとまた消えてしまうので、慌てて聞きました。

「体がここにあるのに、どうしてこの場所にいないのですか？」

すると、思ってもみない返事が返ってきました。

「胴体に未練はない」

へぇ～！　そうなんだ！　と思いました。武士ってそういうものなのでしょうか。

体積からしたら首よりも断然胴のほうが大きいわけで、どちらかというと胴体のほうが大事なような気がするのですが……。体のほうはどうでもいいのですね、考え方の違いは面白いです。

しかしこの返答から、「首には未練がある」ということがわかりました。それで首塚のほうには時々行くのでしょう。

胴塚には全然来ていないようで、本当に胴に関しては何とも思っていないようです。

◉将門さん終焉場所の比定地　～北山稲荷大明神

一応、絶命したと言われている場所も知っておくべきだと思い、行ってみました。

スマホのマップで見ると、神社はコンビニの細い裏道の突き当たりになっています。地図の通りに歩くと、整備されていない駐車場があって、そこで行き止まりになっています。

はて？　と不思議に思いました。

道が一本違うのかな、とひとつ向こうの道を歩いてみましたが、その道もまっすぐ行くとガードレールにぶつかるような道になっていました。

いろんなマップを確認して、やっぱり最初の細道だ、とわかり再びその道を歩きます。

整備されていない駐車場の行き止まりのブロック塀（塀と言っても低いです）の右手に、草むらがあって「もしかしてここから……入るの？」と思いました。

そこは草ボーボーの荒れ地で、いやいやいや、まさかまさか、と思いましたが、マップの現在地、つまり自分が立っている位置はまさしく参道の入口なのです。

「…………」

しばし、固まりました。

というのは、よく見るとたしかに道？　らしき跡がありますが、雑草の生い茂り方が尋常ではないのです。膝の上まであります。

歩くと虫だのクモだの植物だのがむちゃくちゃ付きそうです。加えて、参道と思しき入口には大きな木が倒れていて、道をふさいでいました。

動かせるような木ではありませんので、枝の間をくぐり抜けなければなりません。その枝の間に……どでかい女郎グモが巣を張っているのです。2匹ほど（泣）。

あー、イヤだなぁ、と心の底から思いましたが、終焉の地も見ておけば良かったと後で後悔をするのはもっとイヤです。ここで行かなければ読者の人にちゃんとした説明もできない！　と自分を叱咤して進む決心をしました。

落ちていた棒切れでクモの巣を払い、その先もクモの巣だらけですので、せっせと払いつつ進みます。神社なのにこの荒れようはどうなの？　と思いながら……。

数メートル行くと、そこから先は藪になっています。私の背丈より高い藪です。通過するには全身で草だの木の枝だのをかき分けて進まねばなりません。となると、頭や顔に何が付くかわかりません。足元には蛇がいたとしても見えません。

ひ〜、死ぬほどイヤ！　と思いました。

しかも、霊気がよろしくないのです。

どこか別の入口があるのではないだろうか、とも思いましたが、前方に鳥居が見えます。やはりここが正面参道のようです。

その鳥居の向こうからは誘う「気」が流れてきます。〝来い〟と言うのです。

いや待て、これはヤバイやろ、行ってはいけないところだ、と魂が警告します。守護霊も強烈に「行くな」の信号を発しています。

ですが、「知りたい！」という興味には勝てず……、そして読者の方もきっと知りたいだろうと思うと、私が行くしかないと思いました。

無謀にも2～3歩前進した、その時でした。

「オレはそこにはいない」と将門さんの声がしたのです。

「あれ？　将門さん？　ここにはいないんですか？」私が立ち止まって重ねて聞くと、

「いるわけがないであろう、見てわからぬか」と言われました。

「う～ん、でも……」

「誰も来ない場所だ、そのようなさびれた所にはいない」

たーしーかーにー、としみじみ納得する説明でした。國王神社ですらさびれているのでずっといるのはイヤだと言う将門さんなのです。このような荒れ放題で誰一人来ないような

場所にずっといるわけがありません。

将門さんが常駐していない、行かない場所であるのなら、ただ単にお稲荷さんにお参りに行く、ということになってしまいます。それはちょっと違うので、そこで引き返しました。

後から冷静になって考えると、鳥居をくぐっていたら本格的にヤバかったかもしれない、と思います。

あの神社はお稲荷さんです。

もう誰も参拝していないようだったので、もしかしたら下っ端の眷属などは神獣から格が下がっているかもしれません。ある意味、草ボーボーで良かったです。

無理やり行こうとしたその時に将門さんが声をかけてくれたのは、私に縁をくれている神仏が危険を察知して将門さんを呼んだためでした。将門さん本人が、「そこにいない」と言わなければ、私は確認しに行っていました。

コイツはンモー、無謀にもほどがある、と助けてくれたのでした。神仏のご加護は本当にありがたいです。

帰宅してからネットでこの神社の写真を見て、ああ、やっぱり行ってはいけないところだったんだ、と思いました。

◉将門さんとの会話　～國王神社にて

國王神社～胴塚～北山稲荷大明神、と回って最後にもう一度、國王神社に行きました。

行くまでに運転しながらいろいろと考えを巡らせてみました。

神田明神に将門さんは常駐していませんでした。私は國王神社にいるに違いない、とかなりの確信があったのですがここも違っていました。

國王神社はメインといっては何ですが、ちょくちょくここにいるみたいです。しかし、気が滅入るのか長くは滞在していないようです。

胴塚ははるか昔からもう行っていないようでしたし、終焉の地もそうでした。首塚にもいません。


ということは、一体どこに……？

そういえば、たしかもう一ヶ所、将門さんがいそうだと思った神社があります。何だっけかな？

と必死に思い出そうとしましたが、出てきません。

スマホで検索するとすぐさま「築土《つくど》神社」と出てきました。この神社は東京にあります。

将門さんはにぎやかなところがお好きなようですから、「もう絶対にここだろう」と思いました。

しかしこの神社にわざわざ行ってまた空振りだったら時間と労力の無駄なので、これは本人に聞いたほうが早い！　と考えました。

教えてくれるかどうかはわかりませんし、こういうことは丸投げで聞くのではなく、自分で行ってみることが礼儀として当たり前です。何でもかんでも「教えて、教えて」と聞くのはルールに反します。しかし、今回に限り特別に教えてもらおうと心に決めました。

國王神社に着いたのはすでに夕方で、ただでさえ物悲しい時間帯なのに、人っ子一人いなくて静まり返っている境内はなんとも言えない侘《わび》しさが漂っていました。

将門さんを呼ぶと、ここにはスッと降りて来られます。

まず本人に確認をしてみました。

将門さんがいるのは首塚でもなく、胴塚やあのお稲荷さんの神社でもないですよね？　ここにもずーっとおられませんよね？　と。

「では、東京の〝つきじ神社〟はどうでしょう？」

いやいや識子さん、数行前に築土神社って書いてるやん、と思われた方、そうなんです、私のお得意のうろ覚えが出たのです。

〝築〟の字が非常に印象に強くて、東京で〝築〟が付くといえば、〝築地〟なのですね、私にとって。で、つい頭の中で〝築土〟が〝築地〟に変わっていました（〝土〟と〝地〟も意味的に似てますし～）。

それを意気揚々と張り切って言ったのでした。すると将門さんに、

「つ・く・ど」と、冷ややかに訂正されました。

「あ、そうそう、そうでした！」

「………」

こいつめ、適当に覚えてきよったな、と思ったのでしょうか、一瞬シラ〜ッとした空気になってしまいました。しかし、わざわざ訂正したところをみると、そこにも行くのだな、と思いました。

「そこにも行ってますよね？」と聞くと、

「う……む……」と何だか歯切れの悪い返答です。

「将門さんが常駐してらっしゃるとこって、どこなのでしょう？　教えて下さい」と、正面から聞いても、

「…………」将門さんは答えてくれません。

神様なのにどうして常駐の神社を決めていないのだろう？　はて？　と考えて、よーーーーーく見たら……。

「あれっ？　将門さん、神様になっておられます？」と思わず声が出ていました。

神様になっていないのです。

「えっ！　神様になってないじゃないですか」と言うと、

「お前の頭にある神とは少し違うな」と、誤魔化すようなことを言います。

私の頭の中の神、とは山岳系神様や出雲大社とか伏見のお稲荷さんとか、そういう大御所を言っているのだと思われますが、でも将門さんは普通の神様にもなっていなくて、かといって空海さんや最澄さんのような仏様にもなっていませんでした。

その中間の存在なのです。例えて言えば、牛頭天王《ごずてんのう》のような特殊な位置です。

初めて私の本を読まれる方は、牛頭天王をご存じないかもしれませんので、ちょっとだけ説明をしますと……。

牛頭天王とは京都の八坂神社や姫路の廣峯《ひろみね》神社にいる神仏で、神仏と言っても神様でも仏様でもありません。でも力は同じくらい強いです。神様仏様のように「清く正しく」といった性質ではないため、もっと気さくな感じの神仏です。

将門さんがいる場所はまさにその位置で、でも牛頭天王ほど波動も位も高くありませんし、悟り（？）と言っていいのかどうか悩みますが、そこにも到達していないです。というか、同じ場所にいても人間が牛頭天王と同じ神格にまで到達するのは無理なのではないかと思います。

私は思わず、

「ええーっ！　神様の修行をしなかったのですか？」と言ってしまいました。

「してはいない」

「そ、それはなぜ……？」

将門さんは、神にならなくても力はある、と言います。それはわかります。他にも神様仏様になっていないのに力を持っている人を知っているからです。神仏ほど強くはありませんが、持てることは持てるのです。

将門さんはせっかく神田明神に長い間いたのに、修行をしてなくて神様にはなっていないのでした。ああ、もったいない、と私は思いました。

結局将門さんは、一ヶ所に鎮座しているのではなく、あっちに行ったりこっちに来たりを繰返していたのでした。神田明神が一番好きなのでしょうが、一旦外されたからには武士の矜持で戻らないと決めています。

しかし、神田明神で将門さんに願掛けをする人もいるわけです。そういう人を放っておけない将門さんは獅子の像に宿って聞いていたのでした。

國王神社は神田明神に比べ、さびれているので長くはいたくないし、築土神社も（この時、私はまだ行っていませんでしたが）おそらく小さいからイヤなのではないかと思いました。首塚もたまには行っているのでしょうが、長居はしていないです。

「将門さん、もうそういうの、やめてはいかがですか？　神田明神にお戻りになって下さい」

出過ぎた発言だという自覚はありましたが、それでも言わずにはいられなくて、そう提案してみました。

「人間の都合で出され（神田明神を）、再び戻すと言われて、おめおめと……ブッブッ」と言っています。

「あのー、私ごときが大変僭越ではございますが……。武士の矜持がどれだけのものだと言うのでしょう？　神田明神には、将門さん、と多くの人が将門さんを慕って訪れます。その人たちの信仰心に応えるほうが大事なのではないかと私は考えるのですが」

「…………」

「神田明神は社殿も立派です。常ににぎやかで華やかです。将門さんにふさわしいです。ご祭神としてお名前もあるのですから、戻れるのでしょう？」

そう聞くと、戻れる、と言います。

神田明神の神様だけでなく、将門さんに関係のある他の神様や仏様も、「戻りなさい」と言ってくれているのだそうです。

「だったら戻られてはいかがですか。神社も与えてもらっているわけですし、神田明神で修行をすればすぐに神様になれるわけですし、そうなさったらいいと思います」

「んーーーー」

将門さんは何事か考えているようでした。

私はそこで、専用の神社を与えてもらえず自分が既存の神社に行き、そこで神様修行に入るのがいかにしんどいかとか、楠木正成《まさしげ》さんは明治時代から修行を始めているが、すでに立派な神様になられつつあることも伝えました。

将門さんはしんどいから修行をしなかったわけではなく、何かやっぱり本人にしかわからない事情、もしくは考え・意地のようなものがあるみたいでした。

「将門さん、このまま意地を貫くのもいいですけど、未来永劫この宙ぶらりんの状態でいいのですか？　亡くなってすでに千年が経っています。次の千年もこのままでいいとお思いですか？」

「んーーーーーーーー」

「あの〝平将門〟が、これでいいのでしょうか？」

そこでちょっとだけ将門さんはムッとして、

「このオレに（ニュアンス的には、俺様に）そんなことを言うのは、お前が初めてだ」と言いました。

だろうなぁ、私、時々無鉄砲なんだよねぇ、と思いましたが続けました。

「偉そうですみません。でも、神田明神で将門さんを頼って手を合わせている人がいっぱいいるのに、そういう人々を全員救ってあげようとは思わないのですか?」

「…………」

ウザがられているのを承知でしつこく説得しました。1時間近くこの話をしました。

将門さんは最初、適当に流して半分も聞いてくれませんでしたが、粘って説得していると、「お前の言うことにも一理ある」みたいな雰囲気になりました。

もう一息です。

神田明神にお参りする人の信仰心のために武士の矜持はお捨てになって下さい、それよりも神様になってより多くの人間をもっと高いレベルで救う道に進まれてはいかがでしょうか、将門さんは今、神様ではないから矜持にこだわるのだと思います、意地になるお気持ちも神様になればすべてなくなるのではないでしょうか、戻るのはちょっとバツが悪いかもしれませんが、神田明神にいるのは神様と仏様だから気にしないはずです、逆に「よう戻ってきた」と歓迎されるのではありませんか?　さらに「修行をする」と言えば神仏は手放しでお喜びになるでしょう?

将門さんはただただ黙っていました。

私が出しゃばるのはここまでだと思ったので、駐車場へと向かいました。

車に乗り込む前に将門さんを見ると、向こうもこちらを見ています。そこで最後に思いっきり明るく言いました。

「将門さん、私、本に書きます。将門さんは神田明神にお戻りになられた、と。私の本を読んでくれる人は心のキレイな優しい人ばかりです。本を読んで、神田明神に励ましに行こう、と思う人がきっといるはずです。識子さんの本を読んで来ました！　将門さん、頑張って下さい！　と、純粋に心から応援してくれる人が〝必ず〟来ます。その方々の気持ちを捨てたりしないで下さいね。そしてその人たちのお願いを是非叶えてあげて下さい。それは神様修行になるそうですから、どうかよろしくお願い致します」

「…………」

将門さんは最後まで黙っていました。

私は将門さんにお辞儀をして車に乗り、國王神社を後にしました。

将門さんはなかなか「うん」とは言いませんでした。ずっと長い間拒否してきて今更……という気持ちがあったのだと思います。

武士のプライドとか意地とか、実直で一本気な性格ゆえに

譲れないところもあるのでしょう。

今のままの状態でも十分な力を持っているのですから、何も今から修行をしてわざわざ神様になる必要もないわけです。

もしかしたら、こんな庶民のオバさんに説得されて納得するオレ様、という部分にも抵抗があったのかもしれません。

というか、私の年齢ってあの当時、すでにお婆さんだったのでは？　と思います。となるとですね、「庶民のおばあに説得される関東の覇者のオレ様」となるわけですね。現代人の私が考えても抵抗あります（笑）。

そしてそれも当然です。なにせ天皇の血を引く生まれなのです。世が世なら私は話をするどころか、そばにも寄れない……そんな高貴な身分なのです。


車に乗って少しの間、将門さんについて考えていましたが、それもすぐに消えてしまいました。その日宿泊するホテルまでが遠いので、音楽を聴きながら走っていたからです。

さらに、晩御飯は何を食べようかなぁ、明日も早起きで活動しなきゃだなぁ、などと考え、時々音楽に合わせて大声で歌ったりもして忙しく、将門さんの件は完全に頭の中から消えていました。

どのあたりだったのかよく覚えていないのですが、國王神社を出て30分は走ったと思います。

信号に引っかかって停車しました。

その道路の左手に神社がありました。その神社はこじんまりした街の、名も知られていない神社であるにもかかわらず、神気《しんき》というか漏れてくる波動がすごいのです。

「うわぁ、すごい神気！　すでに暗いのにこの神社ってすごいな。こういう名も知られていない地方の神社にすごい神様がいたりするんだよねぇ」とぼんやり考えた、その時でした。

いきなり将門さんの映像が飛び込んで来ました。多分、将門さんがこの神社の神様の力を借りたのだと思います。目の前に、ドーンとスクリーン状に大きく見えました。

言葉もなく見ていると、映像が動きます。

将門さんは正装をしており、堂々と凛々しく立っています。

その将門さんの前には、神田明神の神様と仏様がいます（複数の神仏がいました）。そこで、将門さんは深く頭を下げて言いました。

「頼み申す」

あ！　神田明神にお戻りになられたんだ！　とわかりました。わざわざそれを教えてくれたのでした。

さすが平将門さんだと思いました。やる！　と決めたら行動が早いです。

腹を括れば変なプライドもこだわりも意地も捨てて、一直線なのです。潔いです。

服装も平安時代の武官の正装のようだったので、その時は「ああ、武士だから武官のほうの正装なのね」と思いました。文官の衣冠束帯とは服が違うのです。

これを書くにあたって、あの服には名前があるのかな？　と調べたところ、またちょっと感動してしまいました。

というのは、私が見た服装は〝随身《ずいしん》〟と呼ばれる人の服だということがわかったのです。随身とは、将門さんが生きていた当時、貴族の外出時に警護をする人のことです。

武官の正装だったらわからなくもないのですが、将門さんの身分からして、警護をする人の服装は違うのでは？　と思いました。

そこで、「あっ！」とひらめいたのです。

そういえば天満宮など神社によっては、門のところに仁王像ではなくこの随身像があります。もしかして神田明神もそうだった？　と調べると……そうでした。

将門さんは神仏に対して、下っ端の門番の仕事からやります、という謙虚な姿勢と修行に対する決意を表現していたのでした。

何だかちょっと泣けました。

将門さんは男気のある幅の広い、ふところの深い神様になるだろうと思います。元々、そういう性格なのです。

関東にお住まいの方は、一度将門さんに会いにお参りに行かれてはいかがでしょうか。それは将門さんの神格向上のお手伝いにもなります。

神田明神は神様も仏様もいらっしゃって、にぎやかで良い神社です。是非一度、足を運ばれてみて下さい。

ただ……おトイレはなかったので（裏手の公園の公衆トイレを利用するようになっていました）、おトイレはどこかで済ませてから行くことをお勧めします。

◉その後の将門さん　～築土神社

将門さんと一連の会話を交わして、２週間後に再び関東地方に行きました。

この時に築土神社に立ち寄りました。

築土神社の歴史は古いです。しかし社殿はビルの谷間にあって（これは比喩ではなく、本当にビルとビルの隙間にあります）、基礎部分なども近代的なコンクリートです。今までこういう神社にお目にかかったことがなかったので、何だか新鮮

でした。都会仕様の神社なんだな、と思いました。

将門さんは、「ここにも時々行く」と言っていましたが、この時は呼んでももう来てはくれませんでした。

「神田明神で神様修行をする！」と並々ならぬ決意をしたからではないかと思います。武士が「やる」と決めたからにはブレない！　という感じでしょうか。一直線の性格の将門さんらしいと思いました。

ある程度の神格に到達するまでは呼ばれても他の場所に行ったりせず、腰を据えて修行をするのではないかと思います。

この築土神社は「色」が少し違うと感じました。色と言っても赤とか青とかそういうのではなく、雰囲気というか空気が違うというか、なぜかはわかりませんが何かが微妙に違うのです。

神田明神や國王神社と違うので、もしかしたら将門さんはここに長居ができなかったのかもしれません。

神社の奥には「世《よ》継《つぎ》稲荷」があります。お稲荷さんの

社殿を見て、そのまま表に出ようとしたら、

「手を合わせぬのか？」と眷属に言われました。

「私、世継はもういますので……」

「ああ、息子がいるな」

「はい」

それ以上は何も言わず、えらくあっさりしたお稲荷さんだな、と思いました。都会だからでしょうか、珍しいです。

再び本殿の前に行って、上空をじっくり見ていて、「あれ？　もしかしてお稲荷さんの居場所にまさかビルが重なってないよね？」と心配になり……もう一度見に行きました。

手前から見ると、ビルがお稲荷さんの頭と重なっているように見えて、「えっ！　重なってるやん！」とビビりました。慌てて正面に回ると、

「ギリギリで重なっていない」と言われ、見ると本当にそうでした。

私は部外者なので余計な心配だったのですが、ふぅ～っとホッとしました。

お稲荷さんの前にはセンサーライトがあって、私があっちに行ったりこっちに来たりすると、ライトがついたり消えたりします。

人間ができていない私は、あ～、ウザい～、と思いました。ライトがピカッと光ると、左の

狛狐《こまきつね》に当たります。

「まぶしくないですか？」と聞いてみたところ、

「うぬ……」とやっぱりちょっと不愉快そうでしたが、しょうがない、と諦める気持ちを持っていました。

この眷属の温和さからして、相当古いお稲荷さんのようです。

そこで、お社の中にいるお稲荷さんに手を合わせ、祝詞《のりと》をあげさせてもらいました。

「ここに将門さんが来られるのかどうかを見に来ました」と目的も話しました。すると、

「もういない」と言います。

「あ、知ってます知ってます。神田明神に行かれたのですよね？　将門さんはそれまでは、ここにいたのですか？」と聞くと、

「時々、来ておった」と教えてくれました。

やっぱりそうか、時々だったんだな～、と思いました。ずっといたわけではないそうです。

将門さんはしばらくは神田明神にいるわけで、じゃあ、築土神社に行っても意味ないの？　と思われるかもしれませんが、ここはお稲荷さんが温和でいい感じです。

ビルの谷間で新しい神様のような感じがするかと思いますが、歴史があるお稲荷さんだと思います。

お稲荷さんはこちらが一生懸命信仰すれば、大きなごりやくを授けてくれます。古いお稲荷さんであれば力もあるし、ここのお稲荷さんのように温和な性質だと重ねてラッキーです。


というわけで、将門さんに会いたい方は神田明神になります。神様修行を頑張って下さいと応援をしに行くのもいいですし、願掛けをするのもいいと思います。

男気あふれる将門さんですから、願は一生懸命に叶えてあげようとしてくれるはずです。

将門さんは怨霊などではありませんでした。


あ、それから、最初に書いた「神田明神と成田山新勝寺は相性が良くない」という質問ですが、まったく気にしなくていいと思います。

私は神田明神や國王神社に参拝した同じ週に、成田山新勝寺にもお参りしました。

新勝寺のお不動さんにお聞きしたところ、全然構わない、と言われました。

そうだろうなぁ、と思います。

お不動さんは仏様です、そんな人間みたいなせせこましい感情を持っているわけがないです。

「成田山新勝寺は調伏した強い立場のほうだからじゃない？」と思われた方がいらっしゃるかもしれません。けれど、新勝寺でお不動さんに会ってお不動さんの波動を身にまとったまま、神田明神に行っても怒られたりしないです。

神田明神には先ほども書きましたように、神様も仏様もおられます。

こちらがメインの神仏です。

信仰はいくつ持ってもいい、と知っておられますし、しかも神田明神の神仏にとって新勝寺のお不動さんは敵でも何でもありませんので、二重の意味で大丈夫です。

将門さんも性格から言って、そんな人間だった遠い遠い過去のことをネチネチといつまでもこだわってはいません。

しかも神様になられる修行をされていますから、まったく問題ないです。

というか、新勝寺に行ったからと言って障《さわ》りを与えるとしたら、それは神仏ではありません。

将門怨霊説は濡れ衣でした。

私は男らしくて真っ直ぐな将門さんが大好きです。一刻も早く神様になって、〝オレの関東〟をもっと強い力と高波動で、思う存分守ってくれたらいいな～、と思います。

芳年武者无類
相模次郎平将門
大蘇芳年
彫宗四

第三章
日光の神様たち

◉霧の中で見えた龍　～華厳の滝

時間が前後しますが、華厳の滝に行ったのは中禅寺の後になります。中禅寺ですでに霧が出ていましたが、ここに到着する少し前から濃霧になり、視界が真っ白に覆われました。

西日本で育った私は、霧というと「明け方の山奥に出てくるもの」という認識しかなくて、真っ昼間にあたり一面真っ白というのが驚きでした。初体験です。

どの車もライトを点けていますが、前が全然見えません。真っ白の見えない、黒ではない逆の闇とでも言いましょうか、そこに突っ込んで行くのは自殺行為に等しく「走るのが怖い～」という感じで、時速20キロも出てたかな？というくらい、みんなソロソロと車を動かしていました。

こんな霧ってアリなんだなぁ～、と本当に貴重な体験だったと思います。

華厳の滝のパーキングに到着した時、霧雨のような「かすかに降っている気がする」という程度の雨が落ちていました。

みんな傘を持っていますがさしてはいませんでした。雨とは言えない、その程度のものでした。

関東巡りであちこちの山を登る予定だった私は雨天に備え、ちょっと高級なポンチョを購入していました。

高級っていくらの物⁉　と思われそうですが９８０円です。ポンチョは１００円均一ショップで買えるので、その10倍、フンパツして買った高級品です。ちなみにポンチョというのは、雨合羽のてるてる坊主の形をしたものです。袖があるような服にはなっていません。

「こういう時に使用すれば便利だよね～、そのために買ったんだもんね」と、さっそく張り切って着用しました。

ポンチョは男女兼用ですし、しかもリュックも余裕でカバーできるタイプですから、ものすごく大きいです。着た瞬間に、「失敗」という文字が頭の中で点滅しました。

さらに〝高級品〟のためナイロン生地がしっかりしていて、分厚く丈夫なのです。集中豪雨でも大丈夫！　という感じです。

そのせいで……一歩進むたびに、ワシャワシャとうるさいです。

せっかく着たのだし、傘も持っていなかったのでそのまま歩きましたが、離れたところにいる人にもワシャワシャとせわしない音が……派手に聞こえていたと思います。前方を歩くカップルが振り返っていました。

「あのオバハン、うるさ～」と思われてるのでは……と小さくなって、華厳の滝のエレベーターまで行きました。

帰りもエレベーターから駐車場までその格好で行ったのですが、帰りはポッポッと雨が落ちていました。そのあたりにいる人全員がフツーに傘をさしている中、オバハンが1人、ポンチョを着てワシャワシャ歩いているのです。イヤでも目立ちます。意外と勇気あるやん私、と変なところでちょっと自信がつきました。

しかし皆さん、ポンチョって便利なようでそうではなく、顔はずぶ濡れになるんですねぇ……。知りませんでした（考えたらわかりそうなものですが）。

体のほうは一切濡れませんが、フード形式の頭の部分は顔がむき出しですので、雨が当たる当たる……。容赦なく目に入るし、化粧はハゲハゲになるわで「ンモー」とつぶやきながら歩きました。

そしてですね、脱ぐ時にポンチョの外側についている水滴で結局少し濡れたりして「………」です。高級ポンチョ作戦、大失敗です。

いやぁ、勉強になりました。そしてこの後、日光のコンビニであっさり傘を買ったのでした（笑）。

話を元に戻して、華厳の滝のエレベーターです。

駐車場がある場所は滝の起点（滝が落ち始める）あたりの高さなので、下の滝つぼまでエレベーターで降りれるようになっています。

どんな滝なのか、那智の滝のようであれば神様がいるだろうと思うと、ワクワクしてエレベーターに乗り込みました。

観瀑台に着いてみるとここも真っ白な世界で、滝が……見えません。どこが滝？　というくらい真っ白です。

しばらくすると霧が薄くなってきて視界が開け、そこで「おぉ～っ！」となりました。

おぼろげにしか見えませんでしたが、迫力のある滝です。（滝の起点は真っ白で見えませんでした）

浄化パワーがすごいです。その高波動がグイグイ押してくる感じです。

ぼやぼやしていたらまた白の闇になってしまうので、今のうちに写真を！　と必死で観瀑台を昇ったり降りたりして（３階に分かれていました）あらゆるアングルから撮影しました。

写真を撮ったり滝を眺めたりして長くそこにいたら、いつの間にか私１人だけになっていました。

これは本気で怖かったです。

というのは、あれ？　私１人？　と気づいたと同時に、うわーっと一気に霧が濃くなっていき、もう３メートル先が見えないという状態になったのです。

そうなると、自分と白色だけしか存在していなくて、距離感というものが一切なくなります。

自分が生きているのか、自分は自分なのか、これは現実の世界なのか、そういう見当識みたいなものがなくなるのです。

異次元にまぎれ込んだ感覚になります。言いようのない恐怖を覚えました。

その時でした。この恐ろしいほどの真っ白な霧は、そういえば一度だけ経験があると気づいたのです。宮崎県と鹿児島県の県境にある高千穂峰《たかちほのみね》で、黒龍とケンカをした時です。

この話をざっと説明しますと……。

高千穂峰には天《あま》の逆鉾《さかほこ》があります。天の逆鉾とは山頂に突き立てられている剣で、もちろんとても神聖なものです。

坂本龍馬がこれを抜いてみたという話は有名ですが、実は私も、とある前世で面白半分に抜いたことがあります。

そのことを思い出してしまった以上、自分が冒した無礼を放っておくのは良くないだろうと、謝罪をしに九州まで出かけて行きました。

1泊した翌日、早朝から高千穂峰登山をしました。気になる天気予報は100％の〝晴れ〟でしたが、なぜか朝から雨模様で重たい雲が垂れ込めていました。でも空は徐々に明るくなってきていて、回復しそうな感じでした。小雨が降るなか登山口の駐車場まで行き、車を降りようとした瞬間に突然ザーッと激しく降り始めました。

山岳系神様に初めてお参りする場合、登山口で小雨が降っているのはよくあることなので気にしませんでした。登り始めると雨が上がり晴れてくるからです。

しかし、この時の雨は小雨どころではなく、激しく降っていました。

そうこうするうちに霧も出てきて視界も悪くなったため、とりあえず車の中で30分待ちました。

若干雨が弱くなったので、車を降りて登り始めたのですが、また徐々に強く激しくなっていきます。

15分くらい行くと、「この先トイレはありません」という看板がありました。

それなら駐車場でトイレを済ませておくべきだな、と引き返した途端、不思議なことにピタッと雨がやんだのです。

あれ？　と思いましたが、トイレを済ませて、また登り始めました。するとまたまた激しく降るのです。

何かがおかしいと思いましたが、まあ、気にせずに登りました。

登山途中ですれ違った女性に「あなた、その格好で登るつもり？」と言われ、「その格好じゃ危ないわよ！　やめたら！　危険よ！」と、怒り気味で言われたりもしました。

これは「来るな」と言われてるのかなと感じ、その山にいる神様に波長を合わせて聞いてみました。何しろ私は、過去世で大変な失礼をしているのです、怒られて当然です。

すると神様は、

「怒ってはいない」とハッキリ言いました。

「登ってもらっても全然構わない」と言った後で……、

「ただ、眷属がとても怒っている」と加えました。

そこで初めて、神様に失礼なことをすると眷属が怒るんだ〜、と知ったのです。

これはずいぶん昔の話ですので、わかる能力もまだまだ低く知識も少なかった頃です。眷属にそんな忠誠心があるとは思ってもいませんでした。

山岳系神様の眷属に龍が多いということも詳しく知らない時だったので、「眷属って狐とかそういう類なんだろうな、眷属が怒っていても神様が怒っていないのなら大丈夫だろう」と高をくくってそのまま登り続けました。

風雨はどんどん強くなっていきます。台風並みです。

天気予報は100％の〝晴れ〟ですから明らかに異常であり、これはかなり怒ってるなー、と
このあたりで初めて危機感を持ちました。
「眷属さん、あの時はごめんなさい、申し訳ありませんでした」と、謝りつつ登ります。しかし、
風雨は一向に収まる気配がありません。
それでも頑張って山のかなり上まで行くと、突然、経験したことがない猛烈な風が吹き始めま
した。多分、そこから先が神域だったのだと思います。
その風が台風どころではありません。本当に大袈裟に言っているのではなく、立っていられな
い風圧でした。
身を守るためにとっさにかがんで近くの岩にしがみつきました。
すると今度はうわーっと視界が霧で真っ白になっていきます。濃霧という言葉では足りないく
らい、あたりが真っ白の闇で、この時は50センチ先が見えませんでした。かがんでいるのに自分
の足元が見えないのです。
加えて、雨もさらに激しく降ってきて、一歩たりとも前に進めない状態です。
これって本格的にヤバイのでは……と思い、大声でそこにいるであろう眷属に過去の非礼を丁
寧に謝りました。でも状況は変わりません。
こうなったら私を守ってくれている神仏にすがるしかないと思い、多聞天《たもんてん》さんにとりなしをお

願いしましたが、全然歯が立たないといった感じです。

次にお不動さんにもお願いしましたが、まったく状況は変わりません。

どうして？　と不思議に思っていると、多聞天さんとお不動さんの２人がとても小さくなって目の前に見えました。この２人がこんなに小さいということは？　この眷属って一体誰なんだろう？と思いました。

次は私に縁を下さっている山岳系神様数名（数柱）にお願いをしましたが、「まったく聞く耳を持たない」と言われました。

私はここで無性に腹が立ち、「誰か知らないけど、謝りに行かせてくれてもいいやん！」と空に向かって大声で怒鳴りました。

その瞬間、本当にバケツをひっくり返したかのような、水の塊の雨がザバーッと私に降りかかりました。

なんだ！　こいつ！　と本気でムカついた私は、怒りにまかせてさらに大声で真っ白い天に向かって文句を言いました。

「謝りに来たのに！　神様も怒ってないって言ってるやん！　とりあえず行くだけ行かせてくれてもええやろ！　どうしても許せないのなら、帰りに転ばすなり尻餅をつかすなりしてバチを当てたら、それで満足じゃないのっ！　神様の眷属のくせして心が狭いなーっ！」

またしてもバケツ雨の塊がザバーッと頭から降りかかり、風が一層強く吹き荒れました。

かかんで岩にしがみついていても、私の腕力より風のほうが強いので、引きはがされそうです。

あたりが真っ白でまったく見えないので、周りがどういう状況かわかりません。

岩にしがみついていればいいやと思っていましたが、もしそこが切り立った場所なら、風圧にあおられて滑落死……ということもありえます。

「ああ、これは無理だ、これ以上いたら本当に死ぬ……」と悟りました。

この眷属は容赦がないやつなのだなと思いました。

「わかった！　帰る！　来た道を戻るから、雨風をやわらげて！」と叫ぶと、少しだけ弱まりました。

ほぼ山頂まで行っていたと思われるのですが、ここまでされたらあきらめるしかありません。

私はトボトボと下山を始めました。

すると憎らしいことに、徐々に雨はあがり、霧も薄くなり、風も収まっていきました。あの嵐は何だったのか……と思いつつ、情け容赦ないその眷属について思いを巡らせました。

多聞天さんもお不動さんもあんなに小さくなってしまう存在、山岳系神様のとりなしですらまったく聞かない存在、それは一体……？　と考えていたら、そこで見えたのです。

真っ黒い龍が！

しかも、ものすごーーく大きいのです。うわー！　黒龍だ！　と思いました。

当時の私は、まだ龍に詳しくありませんでしたが、黒龍なら神様も止められないだろうなぁ、と納得したのでした。

「黒い龍だったのね、しかし心が狭いよねぇ、行かせてくれてもいいやん」とイライラが収まらない私は、ブツブツ言いながら降りていました。

すると突然、「こんにちは！」と下から登ってきたおじさんに声をかけられました。雨で岩や石が濡れていて危険なため、細心の注意を払って降りていたのですが、声をかけられて、一瞬そちらに気を取られてしまいました。

その瞬間、足がつるんと滑って、見事に大きめの岩の上で思いっきり尻餅をつきました。激しく滑ったので、尾てい骨を強打し、両手の手のひらとヒジは擦り傷だらけで血が滲んでいます。声をかけたおじさんは「大丈夫ですか？　急に声をかけてすいません」と、おじさんのせいではないのに恐縮していました。

黒龍に挑発的なことを言ったので、私が言った言葉そのままに尻餅をつかされたのです。黒龍は本気で怒っていて、もしもう一回来たとしても登らせてもらえないだろうことはここでわかりました。

駐車場に戻る頃には雨風はすっかり収まって、天気は回復していました。私は車内でびしょ濡れの服を着替え、高千穂峰を後にしました。

その後、参拝した霧島神宮の神様に事情を話し、「もしあの黒龍さんを知っているのなら、とりなして下さい」とお願いしました。

その結果、何とか黒龍さんにはわかってもらえて、次回は登ってもよいと言われました。

人間の分際で黒龍相手にケンカを売り、生還出来たのは奇跡です。

いろいろとわかる今、あの状況を思い出すと自分の無謀さにゾッとします。よく生きて帰れたなぁ、としみじみ思います。


と、まあ、こういう出来事が過去にありました。

あの時のありえない濃霧を思い出し、もしかしたらここ華厳の滝にも巨大な龍がいるのでは？と思いました。

真っ白い闇に向かって目を凝らすと、1匹、自由自在に泳いでいる龍がいました。こちらも大きいです。

その龍が見たことのない種類の龍で、紫と緑の細い細い線でできたような色の体なのです。

1段目に紫の糸、2段目に緑の糸、3段目に紫の糸、4段目に緑の糸、というふうに交互に細い糸を重ねた感じで、パッと見ると色の少ない虹のように見えます。縞模様は龍が泳いでいる状態で横縞です。

泳いでいると角度が変わりますから、それで紫っぽく見えたり、緑っぽく見えたりします。

その龍があたりを悠々と泳いでいるのです。

ちなみに紫も緑も光っているような不思議な色です。普通の龍と全然違います。しかもこの龍は話しかけてもまったく聞いてくれませんし、しゃべったりもしないです。

真っ白な右も左もない世界、どこかの次元に迷い込んだような感覚、幻想的でこの世とは思えない白い静寂、その中で龍と私は２人だけでした。

龍は天高く泳いだり、私のすぐ目の前をしゅるる〜んと泳いだり、私の真ん前に顔を持ってきて私をじっと見て、それからまた高く飛翔したり、と自由気ままでした。

なんとも変わった色の光のような体ですから、あれだけの濃霧でなければ見えないのかもしれないです。日中の太陽サンサンのもとだったらあの虹の体は見えないのでは？　と思いました。

そうか、見せてくれるためにわざわざ濃霧にしてくれたのだな、と思うと合掌せずにはいられず手を合わせてお礼を言いました。

ありがたい体験でした。

あの龍は本当に虹から生まれた龍なのかもしれません。美しかったです。

神様のほうは、探してみましたがいるのかいないのか、わかりませんでした。多分、滝のとこかれる方はここにもパワーをもらいに行かれるといいと思います。

あんなにキレイな龍がいるところですから、華厳の滝は浄化パワーの強い場所です。日光に行

ろにはいなかったのだと思います。

◉古くからいるお稲荷さんと女峰山拝殿　～滝尾神社

東照宮の右手から山奥に向かって歩いて行くとこの神社があります。マップで位置を確認した時は、すぐそこだろうと思ったのですが、結構歩きます。30分近くかかったように思います。

参道には運試しの鳥居という、上部に穴の開いた鳥居が立っていました。

その鳥居のところで出会った年配のおじさん2名がルールを説明してくれました。小石を鳥居の穴に向かって投げ、入れば願いが叶う、のだそうです。投げる石は3個ということでした。

「鳥居に向かって石を投げても大丈夫なのでしょうか？」と聞くと、

「大丈夫、大丈夫、僕たちは行きも帰りも投げたよ」と明るく笑い、

「これ、あげるよ」とそれまで投げていた石を私にくれて去って行きました。

投げるのは3個、と言っていたのに、なぜこんなに小石を握っていたのか……と思いましたが、当然そんなことは口にせず、お礼を言いました。

ちょっと多めにトライしたんだなぁ、と思うと何だか少年みたいで微笑ましく、さっそく私も

運試しの鳥居
元禄九年（一六九六）
に、三代将軍家光の忠臣、
梶定良が奉納したもので、
鳥居の額束（中央の縦の
部分）の丸い穴に小石を
三つ投げ、穴を通った数
で運を試したという。
御影石、明神造り。

挑戦してみました。

「眷属さん、失礼致します」と声をかけて。

結果は3個とも大ハズレでした。的になる穴がとっても小さいのです。野球をしていた人しか無理なのでは？　と思うくらい制球力を要求される運試しです。

しっかり狙って投げたのに、1個目なんか鳥居の柱の外側にぴゅーんと飛んで行き、どんだけコントロールないねん……と苦笑しました。

穴に通すのはかなり難しいです。だから運試しになるのでしょうね。通った人はラッキーだと思います。

滝尾《たきのお》神社には拝殿と本殿があって、その本殿の背面には扉がついています。その扉

を開けて、女峰山《にょほうさん》（この神社のご神体です）を遥拝できるようになっています。

本殿から女峰山の神様まで一直線に、こちらからのお願いや言葉が届くシステムのようです。

そのように作られています。

つまり山岳系神様に手を合わせるための神社です。

ですので、ここで呼ぶと神様は来て下さると思います。

私の場合、先に山に登ったほうがいいと思われる時は登るようにしているので、ここで神様をお呼びするのは遠慮しました。

何となく女峰山に登らなければいけない雰囲気で、いつになるかわからないけど登るべきだな、と思いながら本殿や拝殿を見せてもらいました。

と、ここで、この本を書くにあたり女峰山を調べてみると……なんと、２５００メートル近くある山だということがわかりました！

ネットの若い男の人の登山記に〝登るのに〟５時間かかった、と書かれていました。

若い男性で、登るだけで5時間。

…………（遠い目）。

ま、しかし、神様と登山の約束はしていないので……と、ここまで書いて、あっ！　したわ、約束しました。後で書きますが、してました約束を～。ひ～、やばー。そんな高い山だとは知らず軽～く答えたのです。２０００メートルの飯縄山《いいづな》（長野市）でもヘロヘロだったのに～。

あ、すみません、たった今判明した衝撃の事実に動揺が隠せませんが、話を先に進めたいと思います。

滝尾神社です。本殿の裏には、小さな小さな橋があります。

この橋を年齢の数の歩数で歩いて渡ると、奥宮（山頂にあるそうです）に参拝したことになる、と書かれていました。

おぉ、それはありがたい、とやってみました。

しかしながらこの橋、２歩で渡れるのです（１メートルもないと思います）。そこを50歩以上で渡るとなると、途中でかなり足踏みをしないといけません。

やってて、あまりにも長い足踏みに気が遠くなってしまいました。

20だとすぐですが、30、40とその場で足踏みをしていると（私なんか52歩まで足踏みですから）、あぁ、私ってこんなに生きてきたんだなぁ、と実感として思えました。頑張ってここまで生きてきたな～、と改めて人生を思いました。

多分、読まれている方は言っている意味がおわかりにならないと思います。

ですので、皆さんも実験されてみてはいかがでしょう？

畳には長いほうと狭いほうの幅があります。その狭いほうは2歩で向こうへ行けると思います。

そこを年齢の数の歩数で渡ってみて下さい。

数は〝自分の年齢〟ですから、ただの数字ではなく自分の歳だと思って数えます。〝ゆっくり〟足踏

みをしていると、自分が頑張って生きてきたことが実感できると思います。

私にとってはなかなか面白い体験で、よく頑張ってここまできたなぁ、残りも頑張ろう！　という気持ちになりました。

滝尾神社のその橋の向こうには３本の杉があって、言い伝えでは空海さんがそこで女峰山の神様を見た、となっています。


そこのエリアにはお稲荷さんもあります。

３本杉を見て、そのままお稲荷さんのほうへ歩いて行くと、お稲荷さんの領域に横っちょから入る形になります。うっかりそのようにして入ってしまい、失礼に気づかずに狛狐を見ようとしたら、

「正面から来い」と眷属に言われました。

「あ、うっかりしていました、申し訳ございません」と、ちゃんと正面の鳥居から入り直しました。

まず、お写真を撮らせて下さい、とお願いして撮影させてもらいます。

ここは古いお稲荷さんのようで、眷属も強いです。というか、威張っておられます（笑）。なんだ、お前は、手も合わせぬうちに写真か？　まあ、よい、許してやろう、というようなことを言っていました。

撮影が落ち着いたら祝詞《のりと》をあげます。

するとそこで、私に縁を下さっている多くの神々が見えたようで、眷属の態度が急に変わりました。狛狐に入っていた眷属などは、口にくわえていた宝珠や巻物をわざわざ下に置いて、こうべを垂れて聞いてくれます。お稲荷さんも静かに聞いてくれました。

礼儀正しいのです。

訪れる人が少ないのがもったいない、と思いました。

こういうお稲荷さんが穴場です。古くて力があるのに参拝する人が少ないという……こういう神様のところに行って、心を込めてお願いすれば、参拝客が少ないだけに叶えてくれる確率は高いです。

私はここのお稲荷さんに、「本に書くと参拝する人が来ると思いますが、その方々の願《がん》を叶え

て下さいますか？」と聞いてみました。

　お稲荷さんは、

「頑張ろう。約束する」とおっしゃってくれたので、叶えてはいけない願（カルマに関係しているとか、叶えると不幸になるとか、そういう絶対的にダメなものです）以外は聞いてくれると思います。

　そんな会話をしていたら、三脚を持ったおじさんがゼーゼー言いながら登ってきました。

　おじさんは鳥居の前で、お稲荷さんのお社を撮影するために三脚をセットしています。いつまでも私がお社の前にいると邪魔なので、鳥居の方向に歩こうとしたら、

「あやつは手を合わせぬぞ」と眷属が言います。

「まさか！　そんなことはありませんよ。写真を撮るんですよ？　手を合わせないで行くとか

ないですよ～」

そう言って私はさらに奥にある「子種石《こだねいし》」のほうに歩きつつ、チラチラとさりげなくおじさんを見ていたら……おじさんは写真を撮り終えると、さっさと三脚をたたみ、子種石のほうへ歩いてきました。

本当に手を合わせないのでした。

子種石に関して言えば、パワーがあるのかどうかわかりませんでした。

というのは、しっかり見ようと石のそばに寄って行ったのですが、下がぬかるみで石までたどり着くのに時間がかかりました。そばまで行って写真を撮っていると、子種石の入口付近にさっきのおじさんプラス、２名ほどおじさんが来て、いつの間にか写真待機中の人が増えています。

合計３名のおじさんが、めいめい三脚をそこにセットして、私がいなくなるのを待っていました。

こういう状況は小心者にはすごいプレッシャーとなります。

石にパワーがあるのか、本当に子種に効くのか感じる間もなく、慌てて石から離れました。というわけで、石にごりやくがあるかどうかは不明です。

子種石から再び、お稲荷さんのお社に戻って、

「いや～、本当でしたね」とさきほどのことを言うと、

「だろう？　あんなやつ、多いぞ」とのことでした。

失礼な人が多いのだそうです。

たしかに失礼だと思います。写真を撮らせてもらうのですから挨拶くらいはするべきだと思うのですが、神仏の存在を信じていない人だったら、その考えがなくて当然なので、仕方ないのかもしれません。

このお稲荷さんは力があるお稲荷さんですが、ここを参拝目的で来る人はいないのでしょう。滝尾神社に行ったら、たまたまお稲荷さんもあった、ふーん、という感じなのだと思います。

昔はにぎわっていただろうと思うと、何とも残念な気がします。

この頃になると、眷属とも結構会話を交わしているので、打ち解けてくれています。

「もう来れないかもしれません。関西に住んでいるんです」と言うと、そこは理解してくれました。

ですので、私のようにちゃんと地理的な問題で来れない、と言っておくと大丈夫です。写真を撮ったのに挨拶もしないで帰った人でも怒ったりしませんので、怖いタイプではないです。

ただ、横っちょから「ちわ〜」みたいに行くと、これは礼儀に外れた行為ですから「コラコラ」と言われます。

滝尾神社で神様はお呼びしませんでしたが、本殿に向かって手を合わせている時に、女性の神様みたいな人がほんの一瞬、見えました。

かなり時代が古い白い古代服でした。空海さんが見たという女性の神様かなぁ、とその時は思いました。

女峰山にいる女の神様かと思いました。

◉女峰山の女神様とは

滝尾神社での参拝を終え東照宮へと来た道を戻っていたら、行く時には気づかなかった「二荒山神社方面」という分かれ道がありました。

そこを登って行くと、行者堂に出ます。行者堂で手を合わせ中を見せてもらうと、役行者《えんのぎょうじゃ》像と前鬼《ぜんき》と後鬼《ごき》がいました。

その横に「女峰山登山口」があります（登山者カードを記入するところがあって知りました）。

さっき見た女性の神様が女峰山の神様なら是非知りたい！　と思いましたが、登山をするにはど

うしても時間が足りません。そこでちょっとだけ登って話を聞かせてもらうことにしました。

今まで私は本でもブログでも、山岳系神様のお姿について書いたことがありません。なぜなら山岳系神様というのは、〝存在〟しか見えないからです。山の上にいるとか、拝殿の上に来ているとか、上空のそこにいるとか、その〝存在〟は見えます。拝殿の上

神様は高波動の光のようなエネルギー体なので透明なのだけれども、その透明は見えるのです。物質界で考えると、透明を見るのは不可能だと思われるでしょうが、「存在している」という

その状態はしっかり確実に見えます。

山岳系神様が発している「気」や波動、そして話す感じからこういう雰囲気の存在、とイメージもできます。

それは壮年の男性の雰囲気だったり、仙人のような悟った感じだったりしますが、本来山岳系神様に性別はありません。

人間が神様になられた場合は明確に性別がありますが、山岳系神様は種類も成り立ちも違うので、性別はないのです。

しかし、男女でいうとどちらか？　と無理やり当てはめるとしたら「男性」となります。

ですから、さきほど見えた女性の神様が女峰山の神様、つまり山岳系神様だとすると初めてのパターンになります。

姿が見えたのも初めてだし、女性という性別があるという部分においてもです。

そこで、女峰山に登って話を聞きたい！　と思ったのでした。


この山はふもとからすでに、ここは昔修験道の聖地でした、という気で満ちていました。樹齢が千年くらいいってそうな切り株があったりして（残念ながら朽ちていました）、パワーある山なのだなと思いました。

登りながら一生懸命に自己紹介して「お話を聞かせて下さい！　お願いします！」と懇願すると、さきほどの女性の神様が出てきてくれました。

結果から言うと、この神様は山岳系神様の元にいる一の眷属でした。

眷属、という言い方はちょっと違うかもしれません。例えて言うなら、副社長というところでしょうか。子分というよりも右腕となって働いている、そんな感じです。

ここの山岳系神様は連なる複数の山々の上にいます。そしてこの副社長が女峰山をすべて任されているという仕組みのようです。

人間で山岳系神様の元にいるというのがこれまた大変珍しく（というか、私は初めてお会いしました)、しかも副社長クラスという上の地位まで上がっているのが意外でした。相当修行を積まれているに違いありません。

それはつまり、長い年月がかかっているということであり、となると古代の人間なのだろうと思いました。女性の神様に聞くと、そうだ、というお答えでした。

もしかしたら神話の女神様かもしれません。そこも確認してみました。

「田心姫命《たごりひめのみこと》様ですか?」と。

正直に言うと、資料はざっと読んだだけだったのでこのように正しく覚えてなくて、そのうえ私は神話が苦手でこの手の名前は記憶できません。辛うじて田心の2文字は覚えていたので「タジン何とか様ですか?」と質問をしたのでした。

女性の神様は柔らかな雰囲気で笑って、そうではない、と言っていました。

女神様は(とりあえずこう呼ばせていただきます)、山岳系神様がこう言っておるぞ、と私に関する話を伝えてくれました。

どう生きるべきかとか、私のそういう質問も女神様の意見に加え、山岳系神様にも聞いてくれて教えてくれます。とても丁寧です。そしてこのようなシステムも初めてです。

いろんな種類のいろんな眷属がいるんだなと、ここでまたひとつ知識が増えました(女神様は副社長クラスで眷属と言っていいのか疑問ですが)。

そこで女神様がさらに教えてくれました。

「眷属は神が選ぶのではない」

自分から志願するのだそうです。使って下さい、と言って。

へぇぇぇぇー！　です。

そして神様は拒否をしないということでした。

山岳系神様の眷属になると、修行がとっても厳しいみたいです。そこに志願できる力、格の高さ、存在の大きさ等、志願してもいい資格が得られるまで進化するのが難しいらしいです。

これは神獣からスタートしても厳しいのに、人間から進化するのは並大抵の努力ではないように思えました。

女神様はにっこりと笑っておられましたが。

途中までの山登りを終えて行者堂に戻り、さらに下って行くと二荒山神社の脇に出ました。そこには「女峰山」という案内板があって、行者堂や滝尾神社へは、こちらから行くほうが断然わかりやすくて近いと思います。

この後、二荒山神社に参拝しました。

拝観料を払って、奥のエリアにも入りました。

しかし……この日、この神様に関することは一切わかりませんでした。

眷属がいるのはわかるのですが、神様はわかりません。いくら問いかけても答えがないのです。

神社の入口に奥宮と中宮があると書かれていたので、普段は奥宮にいて、何かあると中宮に行かれるのかな？　ここに来てもらうには、取り次ぎ取り次ぎになるのだろうか？　はて？　そんな変なシステム聞いたことないしな、普通拝殿で呼ぶと来てくれるのだけど……なんでだろう？

と散々粘りましたが、わかりませんでした。

まさか、山のほうに先に来い、と言われているのでは……と思い、この時はその山がどんなに高いのか知らなかったため、じゃ、次回山のほうに会いに行けばいいか、と思ったのでした。

ご神体は男体山《なんたいさん》という、これまた２５００メートル級の山らしいです……。

二荒山神社に入って拝殿で手を合わせて祝詞を唱え、自己紹介だのお話だのを、一方的にしました。

ご挨拶を終えて、くるりと後ろを向いて階段を降りようとしたその時、左側の袖を引っ張られたような感覚があってそちらを向きました。

そこは渡り廊下のようになっており、ちょうど神職さんを先頭に新郎新婦がこちらに向かって歩いて来るところでした。

おめでたくて縁起の良い運気のおすそ分けがいただけたのです。

新郎新婦はあっという間に本殿のほうへ曲がって行ったので、本当に1分かそこらのチャンスでした。その1分にうまく間に合うように導いてくれたということは、大変歓迎されているわけで、この日、神様がわからなかったのは何か意味があるのだと思います。

奈良の春日大社に参拝した時も、さっぱりわかりませんでした。

関東を回った時に鹿島神宮へ行って、やっとその理由がわかりました。勧請元の鹿島神宮から先に行け、ということだったのです。

ですので、二荒山神社は次回お山に登ってから、神様の詳しいお話を書きたいと思います。いつになるかはお約束できませんが……何せ2500メートルですから……(泣)。

◉寂光の滝と女神様

日光を回ろうと計画を立てた時に、なぜかとても私を磁力で引っ張る滝がありました。それが「寂光の滝」です。全然有名じゃないし、なんでだろうとは思いましたが、引っ張られるからには良い場所に違いないと行ってみました。

東照宮や二荒山神社からちょっと離れています。ここが日光での最後の参拝となりました。

ここへは車で行きました。メイン道路を右に折れ細い道をずーっと登って行きます。徒歩だと大きな道路から30分くらいでしょうか。ダムか何か工事現場があって、駐車場もちゃんとありました。

そこから歩いて行くと、まず「若子《じゃっこ》神社」があります。

なんでこんな山奥に建てたん？　と思うほど奥まった場所ですが、そこそこ古いです。

交通の便が良くなかった昔に、人々がここまで参拝しに来ていたということは、かなり力のある神様です。

灯籠がこれまた古くて、見ると「元文◯申（◯の部分は読めず申はサルです）」と書いてありました。元文っていつ？　とその場で調べたら、1736年から1740年でした。

ひ～え～、約300年も前からあるのか、ここに、と思いました。なんというか、そこにそのままずっとあるすごさ、みたいなものを感じます。

山奥なのに石を運んできて石垣が作ってあり、その上に神社を建てています。しかも本殿の前に拝殿まであるのです。本格的です。

それほど力がある神様がいるわけで、あつい信仰を集めていたことを物語っています。

この若子神社から少し下った奥に「寂光の滝」があります。

この滝が素晴らしかったです。すごく良い波動を持っているので、爽やかな気持ちになるし、浄化もされて心身が健やかになります。

何気にすごい～、としぶきの恵みを存分にいただいて、もちろん手も聖水に浸しまくりました。

この滝は修行場として使われていたようですが、神様の滝です。

私が行ったのはお昼だったので、スカッと何も悪いものはいませんでした。

「夕方になったら修行僧の霊などがウロウロしませんか？」と若子の神様に聞いてみたところ、

「霊などが居られるところではない」とのことでした。

たとえ来たとしても滝の波動で消滅してしまうとのことです。

この滝は7段になっていると説明板に書かれていました。

「7段はすごいな～、上はどうなっているんだろう？」と思ったら、若子の神様が、

「登ってみなさい」と言います。

「えっ！　登っていいんですか？　じゃあ、行ってみます」と、滝つぼから一旦、神社まで戻ります。

しかし、社殿がでーんとあるのでそこから上に登って行く道はないように見えました。すると、

「そこそこ」と神様が教えてくれます。

ちゃんと若子神社の裏から登れるのでした。

目的は滝の上部を見ることなので、ちょっとだけ、のつもりで登り始めました。

たくさんの枯れ葉がふかふかに積もっていて、秋を満喫できるのはいいのですが、足元はズル

ズル滑ります。

少し登ったところで、遠景で滝の上部の写真を撮りました。もうこれでいいかな、と思った時でした。

「また会《お》うたの～」と言われたので、えっ？　と思ったら、女峰山の女神様でした。この神様が来たということは、ここは女峰山につながる裾野だということで、あれ？　女峰山ってそんなに大きいの？　と思いました。

私の感覚では、滝尾神社のあたりと結構離れていたからです。

女神様が「こっちこっち」と導いてくれます。しかし私は、あのー、もうここでいいのですが……という気持ちでした。

ある程度登ったところで、滝の全景は撮れています（はるかに下に見下ろす位置ですが）。

「いやまだだ、こちらへ来い」と言われます。

言われるままにさらに登って行くと、沢に降りられるところがありました。そこは滝の上流で、沢に降りると水に触ることができます。

しかしこの斜面が急で、しかも一面枯れ葉の深い海となっていて滑りまくります。

鹿とかタヌキのフンがあってもわからないから絶対に踏むよなぁ、と思いつつ、滑って転んで骨折でもしたら数日間は発見されないかもしれないので、慎重に進みました。

ここが、ものすごいパワーを秘めた場所でした。心のままを書くと、「すっっっっごーーーーーいぃぃ！　何？　これっ⁉」という感じです。

高波動、半端ないです。

キャー！　カメラ、カメラ、と写真を撮ろうとしたら……カメラがまったく作動しません。いくら触っても、どこを触っても、ダメなのです。

「あれ？　急に壊れたん？　なんでー？」と叫んでいたら、女神様が、「お前が言うところの〝高波動〟の影響である」と教えてくれました。

信心が足りない私はそこで疑いました。

カメラが動かないことはそれまでに一度もなかったので、あるのだろうか？　そんなことが？　と思ったのです。しかしそこにいた30分くらいの間、カメラはまったく作動しませんでした。

電池切れのような状態なのです（充電はしっかりしていたのでその可能性はありません）。

私は高波動の場所にかなり行っていますが、こんな現象は初めてでした。そしてこれまた不思議なことにスマホは使えるのです。ですから写真はスマホで撮りました。

カメラとスマホの違いは何なのでしょう？　電波をキャッチするようにできている分、スマホの方が作りが複雑で影響を受けにくいのかもしれません。

カメラは若子神社のところまで戻ると、何事もなかったかのように動きました。本当に不思議です。そしてそれからは普通に撮影できています。

さてその高波動の沢ですが、ずっと上流まで歩いて行けるようになっていました。神域から流れてくる聖水に手を浸し、水を頭に乗せ、顔にもぴちゃぴちゃとつけました。打たれなくても十分修行になる水です。

上流でどこかすごい聖域を通って来ているようでした。普通の小川のようにただ上から流れて来た水ではありません。

この日は11月でしたから、水が結構冷たかったのですが、しばらくその水に手を浸しました。

そこで、ふと……なぜ滝の水なのか？　と思いました。

滝に打たれると修行になることは昔から知られていますし、実際に霊能力が上がります（1回だけではなく地道に続けた場合です）。

大昔から、それこそ数え切れないほどの人々がしてきた修行ですが、どうして滝？　と思いました。

清い水、ということなら神前にお供えした水でも良さそうな気がします。神域の井戸に湧く水でもいいのではないか……？　それを頭からかぶるのとどう違うのか……。

そこで女神様に聞いてみました。

すると、今言ったようなものは〝清め〟になるそうです。清めによって心も体もクリアにし、波動を高くするのです。

滝行《たきぎょう》も〝清め〟の効果があるので、その部分に関して言えば、滝行も水垢離《みずごり》も一緒です。

しかし滝行が持つもうひとつの効果〝行〟という意味ではパワーが全然違うのだそうです。この〝行〟の部分が霊感を高めます。

女神様が言いました。

「滝の水と普通の水は何が違うか?」

「えーっと、滝の水は上から落ちてくるけど、普通の水は器に入ったままで動かないです」

「それを人間の言葉でどう表現するか?」

「ん〜と、水が生きている……でしょうか……」

あっ! そうか! とそこで理解ができました。生きている水というところがポイントなわけです。生きた水が木々の間を流れ、岩や土に触れながら自然の中を通過します。その行程で大自然が持つパワーを帯びます。そして最終的に「落下する」ことによって、さらなる強力なエネルギーが加わります。神域を通ってくる聖水となるとさらに波動も高いです。

その滝の水を体に当て続けるのは、小川に肩まで浸かっているのとは根本的に違う、というわけです。

沢は聖地のようで、ふわぁ〜っとする気持ち良さでした。久しぶりにスッカラカンの透明になった気がしました。本当に良い場所です。

女神様によると、若子神社の神様は滝の神様だそうです。滝の神様も願は叶えてくれるので、何なりと願うと良い、とのことでした。

「いつか女峰山に登って来い」とも言われました。

「そうですね～、東京に住んでいたらいつでも登れますけど、関西ですから～。いつかゆっくり時間ができたら登ります」と答えました。

あー、使っている言葉が違いますね、ええ、ちょっと誤魔化してみました。ちゃんと書くと……「そう約束しました」（泣）。


この聖水パワースポットを体感して思うことは、私も日光で滝行をするとしたら寂光の滝を選びます。

日光にはいくつも滝があるようですし、滝尾神社のところにもありました。

しかし寂光の滝は女峰山の聖域を流れてきた水の力が集約されている最高の場所で、やはり他とは違います。修行をするなら是非ここで、と思います。女神様もそばに来られますし。

そして、滝の神様のためには、私もあそこに社殿を建てるだろうと思いました。

私は実際に行くまで、この滝が空海さんゆかりの滝だとは知りませんでした。行って案内板を見て初めて、空海さんがこの滝で修行をし、若子神社のルーツとなる祠を建てたことを知ったのです。

私の場合、すでにここに滝があることを知っていましたから行くことができましたが、何もない山の中でこの場所を見つけた空海さんはやっぱりすごい、と思いました。

第四章
天狗伝説

◉パワースポットの奥社　～小菅神社１

関西から長野県に行くのは思ったよりも大変で、朝早くに家を出て東京経由の新幹線で長野に行きました。

レンタカーを運転していると、木に赤い実がたくさんなっているのが目に入ります。見た瞬間、反射的に「マンゴーだ」と思いました。それで納得して走っていたのですが、赤い実をつけた木はあちこちにたくさんあります。ふと、いや待て、こんな寒くなろうかという時期にマンゴーのはずがない、と気づきました。

そこでよく見たら、赤い実はリンゴでした。リンゴが木になっている実物を見たことがなかったので、へぇ～！　リンゴってこんなに低い木に鈴なりに実るんだ～、と新鮮でした。リンゴは背の高い木に少ししか実らないというイメージがあったのです。

黄色いみかんやオレンジ色の柿が鈴なり、という光景は馴染み深いのですが、赤い果物が木に鈴なりになっている、という景色は見たことがありません。

「すごーい」「すごーい」と言いながら、リンゴの木のそばを通り過ぎるたびにいちいち見て感動しました。日本って広いんですね。

さて、その長野県です。

この小菅《こすげ》神社は、古くから修験道の山として信仰されていたようです。

奥社への登山口の鳥居をくぐると「修験道の道だ〜」という感じで登山道が始まります。修験道の信仰の歴史を肌で感じます。

道の途中には、鐙《あぶみ》石とか隠《かくれ》石、御座《ござ》石、船《ふな》石など名前がつけられた石がいろいろとあって楽しいです。休憩も兼ねて、写真を撮りながら先に進みます。

「賽の河原」という場所があったので、「この先はあちらの世界、極楽浄土ってわけね、ということは奥社はもうすぐなのね」と思ったら、そこからもまだまだ歩きます。

道標を見たら、まだ残り1／3もあるのです。ガックリきました。このように道標は励ましているようで、時々絶望という奈落の底に突き落としてくれます（笑）。

例によってしんどくてゼーゼー言って登っていると、考えがどんどん後ろ向きになっていきます。ここまで来たらもう引き返せないよなぁ、でもやめたいな、とか……。

するとそこに、愛染《あいぜん》明王の小さなお社がありました。

鐙石

隠石

船石

「そうだ、この仏様に助けていただこう」
そう思った私はそばに行って手を合わせました。

「無事に登って、無事に下れますように。ついでにしんどくありませんように」

するとですね、大袈裟でも作り話でもなく、本当に体がふわっと軽くなりました。体が軽くなった分サクサク歩けます。

こういう何気にいる神仏が実はすごい力を持っている、ということはよくあります。

下る時にもお礼を言うために寄って、小さなお社の中を見せてもらったところ、簡単な木彫りの人形みたいな仏様が置かれていました。しかし魂はバッチリ入っておられます。しかも力が強いです。

この山に登られる方は途中の愛染明王様に

も手を合わせるといいと思います。

奥社はキラキラした日だまりの中に建っていました。もちろん参拝者は私１人だけです。

そこは太陽の光が気持ち良く届く場所で、こういう時いつも思うのですが、山の一番良いと思われる地に神社は建てられていました。

ここは隠れ家的な雰囲気のする神社です。知っている人だけが知っている、私だけの秘密の場所、みたいな感じです。

そして神々しさが目で見てわかる神社です。

社殿でゆっくり休憩させてもらった後、気になって仕方がない奥の水場に行ってみました。社殿の入口階段を降りて、下からぐるっと回って行けるようになっています。

足を踏み入れてみると、そこはやっぱりす

ごいパワースポットで、エネルギーの強さが違います（お手入れがされていないので、美しくはありません）。

後から調べてみたら、この水場は「甘露池」というものでした。奥の岩から聖水がここへと流れています。

その奥の岩、というのがこれまたすごい高波動を発していました。

「絶対にそばまで行かねば！」と思わずにいられない霊的磁力です。

岩のある所は、水場よりも1メートルほど高くなっていました。これは意図的に高くされていたのだと思います。

一瞬、「ここに入っちゃマズイかな」という考えが浮かびました。

しかし、この場のレポートをしなければここに来た意味がない、と思った私は、その1メートルの垂直に近い高さを登りました。

よいしょ、と足をかけて手をついて登り、上に上がったところで、なぜか体が直立状態になりました。ギリギリの端っこに足を置いているだけですから、そこで直立になってしまうと、後ろへ倒れそうになります。

おっとっと、とバランスを取って持ち直し、前に進もうとしたその時、前方からふわりと何かの力で押されて、ズルッと足が滑り落ちて軽く転びました。手が擦り傷だらけになりました。

「イテテテ」と言いつつ、これはペナルティを払わされたのだな〜、とわかったのでその後は遠慮なくもう一度上に上がりました。

天狗かなー、と思いましたが、とりあえずパワースポットの検証が先です。

下手に天狗さんですか？　などと問いかけて「入ってはいかん！」と言われたら出なくてはなりません。

岩に近づくとクモの巣がたくさんあって、それが風で顔にペタペタとつきまくりましたが、これも無視して進みます。

岩はとても大きくて手前に張り出しており、その下の奥に少しスペースがあります。その大きな岩と岩の間から、水が滝のように流れているのです。

滝のようと言っても滝は岩肌を伝って落ちてきますが、ここの水は水だけが落ちてきます。流れ出るといった様子で、恵の水が与えられているという感じがします。これがすごい聖水でした。

「この新鮮な聖水に手をさらしたい！」と必死で体を伸ばしましたが、残念ながら届きません。くうぅ〜、と悔し涙を飲み込んで、下の甘露池に流れていく手前で簡易禊《みそぎ》をさせてもらいました。ここでも十分過ぎるほどの聖水です。見た目にも透明で澄み切っている特別に美しい水です。

聖水のおかげで心身がスッキリし、波動もアップしてもらいました。

ここは素晴らしいパワースポットです。どうして話題にならないのか、と思うくらいでした。

この小菅山にはもちろん山岳系神様がいます。小菅山ひとつではなく、そのあたりに連なる山々の上にいる神様です。熊野地方にある玉置《たまき》神社の神様のような雰囲気でした。

しかし、この日、神様は降りて来てくれませんでした。10月下旬でしたので、会議をしていたのではないかと思います。

代わりに来てくれたのが、大天狗さんです。

この大天狗さんがこの山を取り仕切っているようでしたので、一の眷属なのだろうと思います。

◉大天狗さんとの会話　〜小菅神社2

大天狗さんが来たので、さきほどのパワースポットの甘露池での出来事を聞きました。

「どうしてペナルティを払わされたのでしょうか？」

すると、大天狗さんは涼しい顔で言います。

「女なのに聖域に入ったからだ」

女が「ダメ」と言われるのは穢《けが》れの時だけ、と思っていた私は、

「ええーっ！　私、生理じゃないですよ？」と驚いて言い返しました。

「女人禁制だ」

「あ、なるほど」

それなら仕方ないかなぁ～、と納得しましたが、ん？　待てよ、と思いました。

ここは修験道の聖地で大昔は女人禁制だったかもしれません。ですが、現代になってそれが解かれ、すでにだいぶんたつのでは？　と気づいたのです。女の人も今まで大勢登っていて甘露池のところに行く人もいただろうに、なんで私だけ？　と思いました。

それをそのまま質問しました。大天狗さんはクールに答えます。

「聖域に足を入れるような奴はめったにいない」

「ナルホド～」

そりゃ叱られて当然だわ、と思いました。大天狗さんが言う聖域は、甘露池を含んでいないのでした。あの一段高い岩の場所だけが聖域のようで、今でも眷属によって厳しく管理されているようです。もちろん丁寧に謝罪しました。

甘露池の上の聖域は、神域とか立入禁止という案内板はありませんので、一見手入れがされて

いないただの土地です。草ボーボーです。

うっかり登りそうになると思いますが、女性は先にお断りし、さらに丁寧に失礼をお詫びしたうえで上がったほうがいいです。

私のように眷属の許可なく上がると、ちゃんと登ったのに大天狗さんにチョンと押されてズザザーッと滑りこける可能性があります。


大天狗さんとこんなふうに話せる機会はめったにないので、まず〝天狗〟という眷属がどういうつながりを持っているのか聞いてみました。

「龍は龍同士、天狗は天狗同士、友達なのでしょうか？」

「お前が言う友達の意義がわからぬが、他の天狗は知っている」

四国の石鎚《いしづち》山の天狗も、熊野地方の天狗も、私の生まれ故郷の山にいる大天狗も、みんな知っているのだそうです。どこにどの天狗がいるのか把握していると言っていました。

しかし、だからといってテレパシーでしゃべるとかそういうのではなく、何か言うことがあれば〝行って〟言うとのことでした。

「いつか石鎚山にも行こうと思っていますので（うわぁ、私はここでも浅慮な発言をしています……）、石鎚山の天狗さんによろしくお伝え下さい」とお願いすると、

「明日は飯縄《いいづな》山や、〝とがくれ〟の神社にも行きます」とよろしく伝えてもらいたい神社の話をすると、

「言っておく」とのことでした。

「とがくし……」と冷ややかに訂正されました。

また！　識子さん、うろ覚えで行ったんですね、とお叱りを受けそうですが、違うんです～。

「戸隠」この漢字だけを見ると、「葉隠《はがくれ》」と似ているので、普通に「とがくれ」と読んでいました。

葉隠をなぜこう読むと知っているのかというと、昔、「拙者《せっしゃ》、はがくれの天ぷらうっど～んでござる」というCMがあったのです。九州の人しか知らないと思いますが。それで戸隠も、とがくれ、と読むのかと。そのうどんの会社名に葉隠が入っていたのですが、全国的な知名度でいうと、「葉隠」は江戸時代中期に書かれた書物です。

大天狗さんはスルーできなかったのでしょうね、ちゃんと正しい読み方を教えてくれました。

上高地《かみこうち》、榛名《はるな》神社、妙義《みょうぎ》山、とこれから行く予定の山や神社の名前を言っていると、

「妙義山は気をつけよ」とのことでした。

え？　なんで？　と思いましたが、なぜかという理由までは言ってもらえませんでした。さらにリストを挙げていて「三峯《みつみね》神社」と言うと、

「三峯に天狗はいない」と言っていました。

熊野本宮での天狗の話をすると、「あそこの天狗は翼が大きい」のだそうです。同じ大天狗でもそういうちょっとした違いなんかもあるそうです。

この大天狗さんは淡々としていてクールなようですが、親切です。

いろんな神社の話をすると、「伝えておこう」と言ってくれました。文字で書くと言葉は冷たいようですが、面倒見がいいです。


下山しながら話していると空海さんが腰かけたという伝説の石がありました。御座石です。

本当かな？　と何でも丸ごと信じない私は、心の中で後付けかもしれないよね、と思いました。

小菅山は有名ではありません。これを読まれている方の中にも初耳という人が多いのではないかと思います。

そこに空海さんが遠い関西から遠路はるばるやって来る？　と思ったのです。

すると、大天狗さんが、

「来たぞ、１回」と言いました。

へぇー！　こんな場所まで（あの時代、京都から歩いて行くのは山越えを含め、大変だったと思います）来られるなんて、空海さんはやっぱりすごいお方だなと思っていたら……大天狗さんがさらに言いました。

「お前よりも能力のある人間だった」

あっ、当たり前ですっ！

比較すること自体、間違っています！　と思いました。

もちろん言い返したりはしませんでしたが、大天狗さんはフフフと笑っていました。

この大天狗さんは面白いところもあります。

山道の真ん中に大きな平たい石があって、その上に乗った時に足がズルッと滑り「うわっ」と転びそうになりました。派手に滑ったのですが何とか転倒せずに持ちこたえました。すると、

「今のはワシではないぞ」と言うのです。

転びそうになるたびにいちいちワシのせいにされてはかなわぬ、と思ったのでしょうか。

「わかってます、なんでもかんでも大天狗さんのせいにしたりしませんよ～」と言うと、

「そんな靴で山に登るからだ」と言われました。

へ？　そんな靴……？

「？・？・？」

私はそこで立ち止まって一本足で立ったまま、片方の足を両手で抱え、裏返してみました。

改めて靴底をよく見たら、見事にツルツルだったのです。

「うわぁ、ホンマですね！」と言うと、

「…………」と呆れた気配をありありと出していました。

え？　識子さん、登山靴履いてないんですか？　と思われた方、実はですね、登山靴って……重たいんです。

一応持ってはいるのですが、ただでさえ体重が重たくてヒーヒー言って登るのに、さらに靴まで重量があるものを履くとウエイトトレーニングになってしまって、体力的に無理なのではないかと思っています。ですので、いつもスニーカーで登っています。

この日もスニーカーを履いていましたが、タウン用だったので裏側がでこぼこしていなかったのでした。しかも長く履いている靴なので、底がすり減ってフラットになっていました。

山道もそろそろ終わりというところで、

「また来れるかどうかわかりませんが……」と言うと、

「お前はもう来ないであろう」と言われました。
「頑張れ」と、最後に言ってもらえて嬉しかったです。
「帰る時は車を守っている天狗にも礼を言うように」とも言われました。
というのは、車を停めた場所がとても狭くて、ガリガリとこすられたり、人けがないところなので盗難に遭ったりしたら困るな、と登る前に思ったのです。

それで、登山道に入ってすぐ、「レンタカーですのでこすられたり、盗難に遭ったりしませんように、どうか車をお守り下さい」とお願いしたのでした。すると、その瞬間に１人（1柱）の天狗さんがピューンと飛んで行ってくれたのがわかりました。

車に戻ってみると、その天狗さんが車体の上に座って守っていて下さいました。もちろん丁寧にお礼を言いました。

下山して、里宮《さとみや》のほうにも参拝してみました。やはり同じようなとっても良い「気」で満ちています。

参拝するには遅すぎる16時半という時間だったのですが、

まだそんなに翳《かげ》っていなくて悪くない雰囲気でした。

ご神木がいいです。優しいです。

奥社まで登らなくても、ここからでも神様に十分声は届きます。大天狗さんは呼ぶと来てくれます。でもちょっとすたれた感じが漂っていて、そこがもったいないな〜と思いました。

◉天空の神々に声が届く貴重な場所　〜飯縄神社奥社1

飯縄山（飯綱山とも書くようです）は、長野県の北部にあり、標高が1917メートルの山です。2000メートル級の山になると登るのが何倍も苦しくなりつらいです。

登り始めて1／3あたりまでは、引き返したい、もうここでやめよう、無理しなくてもいいのでは、と逃げようとする自分の心と闘うのが大変です。

飯縄山のふもとは傾斜が比較的ゆるやかで、「楽勝じゃ〜ん」と思っていましたが、なんのなんの、半分を過ぎたあたりから、傾斜はきつくなり石がゴロゴロした道になっていきます。登りにくい道はそれだけでも体力を消耗するので、本当にしんどいです。

登りながら、鳥取の大山《だいせん》もしんどかったよなぁ、と大山の登山を思い出しました。半べそをかきながら登ったような、そんな登山でした。

さらにもっとつらかったのは、出羽三山の月山《がっさん》です。途中で行き倒れになるかも、と本気で思いながら登りました。

月山は想像を絶するつらさだったわ～、あれよりきっとマシに違いない、と自分を励ましながら登ったのですが、いやぁ、この飯縄山もしんどかったです。

調べてみたら、大山は１７２９メートルで、月山は１９８４メートルでした。

２／３を過ぎた頃から、ひたすら「無」になって歩きました。何も考えられません。

次の１歩をどこに置くか、ただそれだけが頭にあります。２歩目のことは考えられません。そんな余裕はないのです。

体が極端にしんどいと思考に余裕がなくなります。考えることすらできません。

ましてや高次の存在とつながるなんて、そんなエネルギーはありません。

そういえば熊野本宮の神様に「体を疲労させ過ぎては

いかん」と言われたことがあります。疲労させ過ぎがどうして良くないのかというと、体がしんどい・重たい・だるい、となるとそれによって余裕がなくなり、意識が上へ行けないからだと言われました。

肉体が引っ張ってしまうのだそうです。

ですから働き過ぎで過労気味だとか、いろんな事情で睡眠がしっかり取れていないとか、そのような状況にいる方は無理をしてでも一度しっかり休まれたほうがいいと思います。

ゼーゼーと登りながら今のこの状態も同じだと気づき、そんなアドバイスをもらったことがあったなと思い出しました。

しんどいので一歩一歩が徐々に遅く、ゆっくりになっていきます。

ああ、つら、と思った時に、おお、そうだ、私には真言があった！　と思い出しました。

誰の真言かと言うと、修験道の開祖、役行者《えんのぎょうじゃ》です。この真言は吉野山で、修験者の方々が勤行《ごんぎょう》していたのを聞いて覚えました。

聖域で意図せずに聞かせてもらえ、そこで覚えた真言ですので、神仏にいただいた真言です。

それはつまり、使える・効力ある真言なわけです。

しかし、何に対して効力を発揮するのか……は、よくわかりませんでした。

お不動さんの真言のように、邪悪な霊を祓う、とかそういう雰囲気ではないのです。

一体いつ、どのような場面で使えばいいのか……。そこはまったくの謎でした。なので、そのまま忘れたような感じになっていました。

それから月日は流れて、生まれ故郷の山岳系神様の山に登っていた時のことです。途中から息が切れてゼーゼーヒーヒー言いながら登っていました。

しんどくてつら～、と思った時に、なぜかふと、役行者が頭に浮かびました。役行者って、あちこちの高い山々を修行で登られたんだよねぇ……と。それで神仏と通じたお方だもんね、と思った時に「ん？」とひらめきました。

「そうだ、こういう霊山に登る時に何か力を発揮するかもしれない」と思った私はまだ使ったことがなかった役行者の真言をそこで唱えてみました。

唱えながら登りました。

すると！　驚くことに、山の地面が上から下へと地滑りするように動くのです。あ、いや、実際の三次元の地面は動いたりしませんが、見えない世界の、なんていうか、エネルギー界の部分で動くのです。

読んでる方はきっと意味が全然おわかりにならないと思いますが、ここ、説明が難しいです。

動かない地面を登ると、１歩で50センチしか進みません。ですが、地面が上から下へ20センチほどスライドしてくれるので、１歩で70センチ進むような感覚です。

登っていると、地面が下へ下へと動いてくれます。なので、あっという間に頂上に着きます。実際の物理の世界での地面は動かないのですが、見えない世界……というか霊体の世界というか、エネルギーの世界では動いていて、それがちゃんと作用するのです。

もしもこの時の私を他の人が見たら、苦もなく軽やかに登っている、と映るのではないかと思います。

地面が下に動いてくれれば、例えば１００歩かかるところを70歩で済むわけですから、疲れも半分程度です。本当に全然違います。真言を唱えていた間、まったくしんどくなく登れたのです。

この時の感想は「うっそー」でした。こんなことがあるはずがない、私の思い過ごしに違いない、と思いました。信じられませんでした。

その時の結論は、たまたま途中で体力が驚異的に回復して早く登れた、ということにしました。

そのことをここ飯縄山で思い出したのです。

足が前に進まない～、という状態で、藁にもすがる思いで唱えてみたら……またしてもサクサク登れたのです。

体が軽くなり、地面も下へ動いてくれるのでどんどん進み、そこからは短時間で頂上まで行けました。足も体もしんどくありません。

き、奇跡かも……と思いました。役行者、すごいです。

この真言は山登りをする時だけでなく、もしかしたら長く歩く時にも効くのかもしれません。皆さんもどこかのお寺で役行者の真言を見かけたら、いただいておくといいと思います。重宝します。

さて、前置きはこのくらいにして……。相変わらず長い前置きですみません。2000メートルがいかにつらいかわかっていただきたくて書いてみました。

飯縄山も落ち葉がすごかったです。ものすごくたくさん積もっていて、フカフカ状態なので滑ります。力を入れてしっかり垂直に踏んでも、落ち葉同士が滑るのでいちいちズルッとなります。降りる時はかなり危険でした。転ぶところまではいきませんが、ズルッ、ズルッとなりながら歩くことになります。

登り始めのふもとのあたりは、ある程度の間隔で十三仏が配置されています。小さな石仏です。仏様を見つけるたびに写真を撮って、ちょっと休憩できるのでなかなかいいです。

「あ、仏様、見っけ～」とほっこりできます。

その仏様の7番目は薬師如来様でした。

薬師如来像の前には、修験者が勤行をしたおふだが置いてありました。

このおふだは薄い木でできていて、いついつ何の修行で……ということと修験者の方が属しているお寺の名前が書かれています。
修験者は勤行をするすべての仏様の前に、このおふだを奉納するようで
薬師如来像以外の仏像の前にも置いてありました。
薬師如来像の写真を撮ろうとしたら、仏像の前に置いてあるべきその
おふだが一枚下に落ちていました。
「あ、落ちてる」と、拾って元の位置に置いてあげようとす
ると、
「触るなよ」と言われました。
おふだには祈祷が入っているそうで、一般の人がうっかり
触ってはいけないものらしいです。落ちているのを見ると、
つい拾ってあげたくなりますが、放っておくべきなのだそう
です。
これは知らなかったら拾って元の位置に置いてしまうと
思います。ですので、触ってはいけないことはしっかり覚え
ておいたほうがいいです。私もここで教えてもらえて良かっ
たと思いました。

頂上まであと少しというところまで来ると、鳥居がありました。そこに小さな祠がありました。その祠は鳥居をくぐった正面に置かれていて、ひし形の印が刻まれていました。そんなに目立つ印ではありませんが、それを見た瞬間に「あ、武田菱」となぜか口から出ていました。

これは今考えても、ものすごーく不思議です。

というのは、私は「武田菱」という言葉も、武田家の家紋がひし形なのも知らなかったからです。自分の口から出た言葉に驚き、

「は？　武田菱って何？　武田って武田信玄？　家紋がひし形なん？」と、頭の中がハテナマークだらけになりました。

でも、何となくきっとそうなのだろうな、とは思っていました。

後で調べてみたら、本当に武田信玄の家紋はひし形で、その紋は武田菱と呼ばれていました。にわかには信じられない現象でしたが、でもやっぱりそうだったかと思いました。

なぜ知らないのに私の口をついて出たのか……。過去世で知っていた、としか考えられません。

飯縄山が持つ霊力によってそういうことも起こるのです。

山頂はちょっとした広場のようになっていて、奥社はそこから2～3メートル下ります。

ここがすごい場所でした。パワースポット、という使い古された言葉を使用したら申し訳ないというほどの神々しさです。

まずお堂の中に入ってみました。お堂自体は外観からしてキレイではないです。ほったて小屋のような古いガレージのような、そんな感じです。

中は神棚クラスのお社が置かれていて、あとは天狗さんの像とかお稲荷さんの像があります。

ごちゃごちゃしていてここが神社の奥社とは思えない……というのが本音です。

でも、このお堂の中はとってもくつろいだ気分になれます。落ち着けます。波動が高くて疲れも取れます。私はそこにあるものをひとつひとつじっくり見たりして、結構長い時間を過ごしました。
お堂から出ると、鳥居があります。その一角に、「天空の神々」に祈りが届く場所がありました。
天空の神々とは誰なのか、を先に説明しますと、この神々は山岳系神様の上の存在です。神様にも階級というかレベルみたいなものがあって、地上で一番強くて波動が高いのが山岳系の神様です。

その上にはもっと位というか波動の高い存在がいて、その神々が天空にいるのです。これは鳥取の大山《だいせん》の神様に教えてもらいました。

大山の神様が話をしている途中で、「天空の神々は……」と言ったのです。え？　天空に神々がいるの？　と私は初耳でした。

大山の神様が、指し示した空の場所を見ると、６～７人の〝存在〟が見えました。何か、相談をしているようでした。

〝人〟という数え方は間違っていますよ、と言われそうですが、イメージ的にはこの数え方がしっくりきます。

高い空の奥に……表現が難しいのですが、空の表面ではない「奥に」その時は6～7人がいました。もちろん、人間のような姿をしているわけではなく、光というか、エネルギーというか、高波動の存在として見えました。

この天空の神々は、山岳系神様より上の仕事をしているようです。

地球の自然の環境を整えるとか、直接人間や動物など生き物の面倒を見るとか、そういうお世話はしないみたいです。それは地上の神様のお仕事です。

どのような役目を担《にな》っているのかそこはまだわかりませんが、天空の神様という存在がいるんだな、とその時に知りました。

天空の神々の波動は山岳系神様よりもはるかに高く、よって人間とコンタクトはできません。地上で天空に向かって話しかけても届かないのです。

ですが、この飯縄山山頂にはその天空の神々に声が届く場所があります。これは〝世紀の大発見！〟と言ってもいいくらいです。

天空の神々に声が届く位置ですが、お堂の前にはちょっとしたスペースがあって、鳥居もあります。お堂から出て鳥居を外に向かってくぐり、〝右側〟の〝鳥居の柱〟の根元になります。ここにやや平らな石が埋まっているのです。

その〝石の上〟です。

これはまだ私もどうしてなのか理由はわかりませんが、〝石〟が絶対に必要です。

ほんの数十センチずれて石から外れ、土の上

ません。

に体を置いて届くかどうか実験してみたところ、こちらは全然ダメでした。土の上では声は届き

〝石〟は必要不可欠のようです。石に体を乗せないと、つながれないのです。

つながれる……と言っても、こちらから一方的に話をするだけです。

が、しかし、人間でいる限り直接コンタクトを取るのは無理な神々です。話を聞いてほしくて

もその手段がないのです。強いて言えば、山岳系神様に伝えてもらうくらいしか方法はないと思

います（やってみたことがないので伝えてくれるものなのかどうかわかりませんが）。

つまり、一方的にしろ〝声が届く〟というのはすごいことなのです。ありえない幸運というか

幸福というか、ラッキーです。

天空にいる神々に自分の思いや夢など、いろんなことを聞いてもらえます。本当に奇跡の場所

なのです。

ただし、天空の神々からの声は聞こえません。高波動過ぎて、神々の位が高すぎて、元々人間

とは関われないからです。

私はその石の上に座って、一生懸命にお話をしました。

自分の人生について、そしていろんなことについて、こう考えています、と伝えました。

天空の神々がどう思っているのか、そこは聞こえないのでわかりませんでしたが、微笑んで応

援してくれる、そんな印象を受けました。

もうひとつ大事なことを言うと、この石の上に〝立って〟話しかけてもイマイチつながりが悪いです。石に座る……つまり体の面積をなるべく多く石と密着させることがコツです。かと言って、寝そべったりは失礼ですから、そこは座禅を組むようなポーズが最適かと思います。

天空の神々に直接お願いをするのもありなのかな、と私はひとつお願いを言ってみました。到底叶わない、と思えるお願いです。もしも叶ったら、その時はまたお知らせしたいと思います。

ここは聖地であり、太陽に近い場所であり、天空の神々に話を聞いてもらえる夢のような場所です（日本中を探せばあと何ヶ所かありそうな気がします）。

高くて良い波動とエネルギーをたっぷりと充電してもらって、心身ともにすがすがしく生まれ変わったようなそんな感覚になりました。

奥社の場所から、また2～3メートル上って山頂広場でも写真を撮りました。

まだ10月下旬だというのに、はるか向こうにある山々は冠雪していました。

とっても気持ちの良い景色は頑張って登ったご褒美です。命（魂）の洗濯ってこういうことなんだな～、と思える場所でした。

◉烏天狗さんとの会話　～飯縄神社奥社2

さて、ここの神様ですが、もちろん山岳系であり大きく強いです。ちょっと若いように思いました（雰囲気がです）。

最初はずっと上にいて、降りてきてくれませんでした。というか、先ほども書きましたように10月下旬ですのでどうやらここも会議をしていたみたいです。

下山する時にちょっとだけ顔を出してくれました。会議を抜けてきて下さったようでありがたいと思いました。

神様は優しくてニコニコしています。自然が厳しそうなので冬場の修行のことなどを聞いてみたりして、それから烏天狗さんについて聞きました。

この飯縄山は天狗、それも烏天狗がいるということで有名らしいです。東京の高尾山薬王院の飯縄大権現はここから勧請したという話です。

しかし私の知識というか、私が見たことがあるのは小さい烏天狗で、大きな烏天狗っているのだろうか……と思っていました。

見えない世界のことは何でも自分で見たり体験してみないと納得できません。

大天狗さんは人間よりも大きいものを見たことがあるので、強い力を持っているのだろうなと思っていましたが、今言ったように烏天狗は小さなものしか見たことがないので、「同じような天狗なんだけど大天狗さんより格下なのかな」などと思っていました。

で、まあ、失礼がないように一応、ざっと予習もしておきました。

ここから、「天狗」という言葉がたくさん出てきて混乱しそうなので、飯縄「烏」天狗さんとか小菅「大」天狗さんとか、所属している山を頭に付けます。

軽く予習をしてみたら、ここの飯縄烏天狗さんはキツネに乗っていると書かれていました。キツネに乗っているって、東京の豊川稲荷別院にいたダキニ天さんみたいだ、と思いました（ダキニ天さんは本当に乗っていました）。

で、神様にそれを最初に聞きました。

「ここの烏天狗さんはキツネに乗っているのですか？」

「キツネ？」と神様は愉快そうに笑って、飯縄烏天狗さんを呼んでくれました。

そして言いました。

「自分で聞いてみなさい」と。

聞くよりもその姿を見たら一目瞭然で……たしかに白い物の上に乗っています。しかし、それはキツネではありません。

飯縄烏天狗さんはわざわざその上に乗った姿で来てくれて、私の目の前にその白い物が来るようにしてくれました。

よく見える位置で見てみると、それはキツネではなく、〝雲〟でした。
高度が高いところまで行くから、ということらしいです。ほぉ〜、と思いました。

雲に乗っているなんてすごいです。孫悟空のきんと雲みたいだな、と思いました。ちなみに私は世代的に某アニメを見ていませんので、アニメの話でどう描かれているのかはよく知りません。これは一般的な孫悟空のきんと雲のことです。

飯縄烏天狗さんは、この雲を自由自在に操れるようでした。

雲はワタアメみたいなふわふわではなく、ギュッと濃くて真っ白なので、雲だと知らずにチラッとだけ見ると、キツネに見えるかもしれません。

飯縄烏天狗さんは、この山の眷属ではありません。私は実際に会うまでは、普通に一の眷属だろうと思っていました。

その予想は全然違っていて、もっと身分というか格が高いです。

副社長は右腕として働く感じですので（私のイメージです）、これまたちょっと違います。一番近いのは「〝準〟山の神様」でしょうか。それほど高い位置にいます。

ここでも聞いてみました。

「天狗は天狗同士、友達なのでしょうか？」

飯縄烏天狗さんは突っ込んで聞き返してきます。

「友達？　友達とは？」

ん～、そう言われれば私も何についてどう聞きたいのか、何を意図した質問なのかがわからないよなぁ、と気づきました。どういう意味で聞いているのか、私は？　と考えると、意味ないんじゃない？　この質問、と思いました。

飯縄烏天狗さんによると、烏天狗さんと大天狗さんは種類が違うそうです。見た目だけが違うのかと思っていましたが、ハッキリと種類が違うと言っていました。そして、大天狗さんは大天狗さんをみんな知っているそうで、烏天狗さんは烏天狗さんをみんな知っているのだそうです。

私が小菅大天狗さんの話をして、

「小菅山の大天狗さんを知っていますか？」と聞いたところ、飯縄山の大天狗さんを連れてきて

（飯縄山にも大天狗はいるのですね）、

「小菅山の天狗はこいつが知っている」と教えてくれました。

そして飯縄大天狗さんを紹介してくれました。

ということは……。

飯縄烏天狗さんは小菅大天狗さんのことはよく知らない、というわけです。つまり、大天狗は大天狗、烏天狗は烏天狗、同じ種類は知り合いなのです。

そして、飯縄山という同じ山にいれば、大天狗さんと烏天狗さんはお友達、というわけなのでした。ですので、小菅大天狗さんが「伝えておく」と言ってくれたのは、先方の〝大天狗〟に伝えるということなのだと思います。


山岳系神様のもとにいる天狗は、仕事と修行の両方をしていると言っていました。

そこでまたまた質問をしてみました。

「修行を積んで神様になるのですか？」

お稲荷さんの眷属は長い間修行をすると、徐々に神様へと進化していきます。天狗もそういう感じなのかな、と思いました。すると、

「天狗は神になることを選ばない」と言っていました。

修行をすることで、どんどん力が強く大きくなっていって、神様クラスに到達しても、たとえそのクラスより上にいこうと神様にはならないようです。

天狗のまま、なのだそうです。

この飯縄烏天狗さんは体がとても大きかったです。

10メートル、いや15メートルはあるでしょうか、大仏並みで5階建てのビルの高さはあると思います。

そしてこの大きさを自由に変えることもできると言っていました。私と話している時は人間の3倍くらいの背丈で落ち着いていました。それでもでかいですけど。

本当に烏くらいの大きさの烏天狗や、アゲハ蝶くらいの小さな烏天狗も見たことがあります。

そう言うと、その大きさの天狗が修行をして大きくなっていくのだと教えてくれました。

飯縄烏天狗さんの力は大きな神社を持っても十分なものです。というか、平地の神様より強いです。すごい力をお持ちです。

「何かでチラッと読んだのですが、三郎坊とか太郎坊とか名前がある天狗さんがいるらしいです。天狗ってひとりひとりに名前があるのですか？」

と聞いたところ、飯縄烏天狗さんは、

「ハハハ」と、とても楽しそうに笑って、

「名前は人間が付けたものだ。天狗に名前はない」と言っていました。

余談ですが、なぜこの時楽しそうに笑っていたのかその後判明しました。戸隠神社奥社の社務所にチラシのようなものがあって、そこに「三郎坊」と書かれた飯縄烏天狗さんのイラストがあったのです。

私が目の前の本人に、そんな名前の天狗がいるらしい、と言ったので笑っていたのでした。

そして、私が飯縄山に登った一番の理由をここで聞いてみました。

「シロちゃんはこの飯縄山から来たのですか?」

シロちゃんというのは、どこかの神様から私の元に遣わされたと思われる眷属です。真っ白いイタチですが、何のために私のところに来たのか、いまだにわかっていません。

1回だけ、職場の意地悪な人と関わりになりたくない、と言ってみたことがあります(詳しくは拙著『ひっそりとスピリチュアルしています』に書いています)。

すると驚くことに、翌日状況が好転したので、シロちゃんすごいと思いました。ですが、いろいろと調べてみたら、イタチは管狐《くだぎつね》と書かれているものが多く、飯綱《いづな》使いという人々が管狐を使って人を呪うだの何だの、恐ろしいことが書かれています。そんな怖い管狐、私には不要です。

占いが当たるようになるとかいう記述もあり、そちらも私にはいりません。

管狐は長野県をはじめとする中部地方に伝わっていたものらしく、〝飯綱山《いいづな》〟がルーツとして、この〝飯縄山〟が挙げられているのです。

シロちゃんが管狐かどうか不明ですが、どう考えても私が使うことはないと思い、いつか飯縄山に登ってシロちゃんをお返ししなければ、と思っていたのです。

そこで、シロちゃんがここから来たのかを確認したのでした。すると……、

「違う」と、飯縄烏天狗さんはハッキリ言います。

「えええーっ！」

完全に予想外の答えです。次の言葉が出せずにいると、

「飯縄山にイタチの眷属はいない」と言われました。

シロちゃんはてっきり飯綱使いの管狐なのかと思っていた私は、ここで行き詰まりました。

飯縄烏天狗さんはシロちゃんを見てくれて、

「管狐ではないぞ」と教えてくれました。

神獣なのだそうです。

人に悪さをしてくれるとか、占いが当たるようにするとか、そういう類のことをするのは妖怪（妖獣）のほうだということでした。

神獣のシロちゃんはそんなことは一切できないそうです。

シロちゃんは私に飛んでくる悪い念から守ってくれるのが役目だと教えてくれました。

職場で意地悪な人と関わりにならないようにしてくれたのは、悪い想念を飛ばす人だったから、それで守ってくれたのだそうです。

シロちゃんはどこかの神様が遣わしてくれたようですが、どこの神様なのかそれはまた次の課題だな、と今回はここまでわかったので良しとしました。

いろんな話をして楽しいのですが高度が下がってくると、そろそろ飯縄烏天狗さんともお別れです。

最後に飯縄烏天狗さんは雲に乗っている姿をハッキリと見せてくれました。そしてその雲を、わざとキツネの形にしていました。ユーモアのあるお方です。

飯縄神社奥社は、本当に大きな飯縄烏天狗さんがいますし、山岳系神様も優しいし、さらに天空の神々に声が届く場所まであったりして、すごい所です。

ただし、2000メートル級の山です、登山は泣きそうなくらいキツイです。軽い気持ちで行くと大変なことになるかもしれないので、行ってみようと思われた方は十分お気をつけ下さい。

ちなみに下山後に里宮《さとみや》のほうへも行く計画を立てていましたが、なぜかキレイさっぱり気持ち良く忘れてしまい、次の目的地へと行ってしまいました。そこに時間をかけなくてもいいぞ、という飯縄烏天狗さんのお心遣いだったのかなと思います。

◉心癒される宿坊と両天狗がいる神社　～古峯神社

栃木県鹿沼市の古峯《ふるみね》神社に早朝から参拝するために、どこか近い場所に宿泊施設はないものか……と調べていて、この神社に宿坊があることを知りました。

これは！　是非！　お邪魔させていただきたい！　とすぐにネットで予約を取りました。自分の感覚で神仏を感じたいため、例によって詳しい下調べは無しで行きました。

最終チェックインが17時半となっていたのですが、当日東京のほうから車で行くと途中でひどい渋滞に遭いました。到底間に合いそうもありません。

遅れる旨の連絡を入れると、非常に気持ち良く応対してもらえました。結局、18時を回ってようやくたどり着きました。

到着して玄関(と言っていいのかわかりませんが)を開けると目の前は大きな廊下と広間になっていて、左手奥に神職さんがいるカウンターがあり、そこでチェックイン手続きをしました。

お部屋に荷物を置いた後で宿坊内を案内されましたが、「宿坊」というイメージを覆す規模の大きさ、広さです。

私が泊まったのは幸い平日でしたので、個室に案内してもらえました。

食事会場（といっても落ち着いた、ちょっと広めの和室です。縁側からの景色が美しかったです）に行くまでに大広間の横を通るのですが、これがもう広いのなんのって、すごいです。畳敷きでこんなに広い空間を見たのは初めてかも、と思いました。三百畳らしいです。

長押《なげし》の上にはいろんなものが掛けてあって、それをひとつひとつ見るのも楽しいです。

夜、お布団に入って眠りに落ちる直前に、白い犬と黒い犬が見えました。

その2匹は道案内をしていて、私をどこかへ先導してくれているようでしたが、残念ながら詳細は覚えていません。何か意味があるのでしょうがわかりませんでした。

この宿坊は良心的なお値段なのに2食も付けてくれて、お食事を運んで下さる方をはじめ関係者の方は皆さん感じ良く、大浴場で汗も流せて、神域に泊まれる、という施設です。

ホテルの快適さを求める方には向きませんが、神秘的な雰囲気の場所に泊まってみたいという人にはお勧めです。

宿泊者は翌日の朝のお勤めに参加させてもらえます。

前日のチェックイン時に「ここに来て下さいね」と、神職さんがいらしたカウンターで言われたので、そこから社殿に行くのかなと思っていたら、そこが神前でした。前の日はすでに電気を消していたのでわからなかったのです。

カウンターの向かい側の奥が内陣になっています。

神様がいる場所と参拝客が座る場所は木の柵で隔てられており、神前には向かって右側に宮司さん（多分）と巫女《みこ》さん、左側に神職さん２名が座っておられました。神職さん２名はちゃんと烏帽子《えぼし》をかぶって笏《しゃく》も持っていました。

いよいよ祈願が始まります。

その祝詞が……長かったです。たくさんの名前を読み上げていましたので、祈願をお願いした人が特別多くいたのかもしれません。祝詞のオーラに長く触れられるので長いのはありがたいのですが、足は極限まで痺れます。

最初は頭を下げて目をつぶって一生懸命聞いていました。しかし長いので緊張感が続かず、顔を上げてみました。

すると！　私の両横に天狗が来ていました。

「ひっ！」と思わず声が出そうになったのをかろうじて堪えました。

私の右に大天狗さん、左に烏天狗さんが立っています。２人はとても大きくて、多分コンパクトサイズにしているのだろうとは思いますが、それでも2メートルはありました。その２人が、よっこらしょと座ったのです。私のすぐ隣りに。私を挟んで。

ひ〜え〜！

声にならない叫び声をあげてしまいました。

両隣りに天狗……これは結構ビビります。祝詞はまだまだ続いており、足はジンジン痛いです。

「長いだろう?」と烏天狗さんが笑います。

「足、痛いです……」正直に言うと、今度は大天狗さんが、

「ワシらのように座ったらどうだ?」と言いました。

チラっと見ると2人ともどっしりとアグラをかいています。

「そんな座り方無理です〜、今この場で〜」

「なぜか？」と、大天狗さんが言うと、

「ワシらは気にしないぞ」と、烏天狗さんも言います。

神様に対する礼儀として正座をしているわけですから、その神様が構わないと言えば正座はしなくてもいいことになります。道理としては。お客としてよそのお宅に行って、その家の人が足を崩して下さいね、と言うのと同じです。

が、しかし……神聖な宗教儀式の真っ最中です。痺れたからといって足を崩すのさえ躊躇《ためら》うのに、アグラはまずいです。

と、そのように言うと、

「人間というのは堅苦しいの〜」

2人は朗らかに笑っています。ああ、ここの天狗さんも好きだなぁ、と思いました。

大天狗さんは、まだまだ修行が進んでいない天狗は、幅というか余裕がそんなにないので気が短いものもいる、と教えてくれました。

烏天狗さんに飯縄烏天狗さんのお話をすると、あそこの天狗はものすごく修行を積んでいるので力が強いのだ、と言っていました。雲を持っていただろう？　と言うので、ハイと答えると、ここの烏天狗さんの雲も見せてもらえました。まだ十分な雲になっていなくて、ワタアメみたいに見えました。小さかったです。

古峯の天狗さんたちは、ここに来た人のお願いを聞くだけではなく、修行もしているそうです。人間のお世話をすることも修行なのだけれど、そればかりではなく自分たちの修行もしている、と言っていました。

長い祝詞が終わると同時に、２人はすっくと立って、しゅうっと飛んで祭壇の向こうに消えました。

朝のお勤めはまだまだ続きます。次は、神楽《かぐら》です。

巫女さんの舞いはあちこちの神社で見ますが、ほとんどがテープで音楽を流しています。それが古峯では驚いたことに、神職の方が生で歌うのです。

ほ～、っとなにか神聖な気持ちになります。琴も生演奏です。生きた神楽を奉納しているのでした。

神前の左右に、両天狗の大きな像があるのですが、それを見ていて気がついたことがあります。

大天狗は神様に向かって右、烏天狗は神様に向かって左の位置、これはどこの神社仏閣でもそうです。

どうしてだろう？　と思いました。

位置から言うと、大天狗のほうが位が高い、ということになります。大天狗のほうが上だと人間は思っているのか……しかし私は、大仏クラスの大きさの大天狗は見たことがありません（飯縄烏天狗さん級の）。もしかしたら石鎚山とかに大きな大天狗さんがいるのかもしれません。これもこれからの課題だな、と思いました。

神楽が終わると、たっぷりの紙でできた幣《ぬさ》や、金属でできた幣のようなもので（しゃららん、しゃららんと鈴のような音がします）、悪いものを祓ってくれます。最後に玉串奉納をして終了です。

祈願してもらったおふだを受け取ると、とてもしっかりした立派なものでした（私は３５００

円のものをお願いしました)。

授与所には天狗が乗った熊手とか破魔弓《はまゆみ》や扇など、天狗の縁起物がいろいろあって、見てるだけでも楽しかったです。

ここの御朱印がまた素晴らしくて、天狗の絵が入っています。しかもその絵もいろいろと種類がありました。そのサンプルをじっくり見るのも楽しく、なんというか一般の神社とはまた違った雰囲気でした。

福運がもらえる、そんな神社です。


チェックアウトを済ませて玄関を出て、神様が鎮座する社殿はどこ?　と探したのですが、普通の神社で見るような社殿はありません。

調べてみたら、先ほど祈祷をしてもらった建物が本殿らしく、その本殿が宿坊とつながって

いるのでした。

　私は暗くなって到着したので、その建物全部が宿坊だと思っていましたが、言い換えれば建物全部が神社というわけです。

　ここは陽気な両天狗さんがおられる、珍しい建築様式の神社です。行くと、天狗さんが身近に感じられると思います。天狗好きな方にお勧めの神社です。

◉参拝者に優しい山　～高尾山薬王院1

　この山に行ったのも平日でした。午前8時30分、すでにケーブルカーはほぼ満員でした。ありえない……と目が真ん丸になります。たしかに行楽シーズンでしたが平日なのです。都会って人がたくさんいるのね、と改めて思いました。大阪とはやっぱり違います。年配のグループの方が多いように見受けられましたが、私のように1人で来ている人も結構いましたし、若いカップルもそこそこいて皆さん楽しそうでした。
　とりあえず登りはケーブルカーに乗ってみました。
　ケーブルカーの駅を降りて、そこから薬王院まで歩いて15分です。

道がなだらかに舗装されていて、とても歩きやすいです。かなりの高齢でも大丈夫なように配慮されています。

どう見ても80代後半という腰が曲がっている女性が、たった1人でリュックを背負ってゆっくりと歩いていました。杖をついて少しずつ少しずつ、足を引きずりながら1人で歩いていた男性もいました。

その方々を見ていると、信仰心というのは尊いなぁとしみじみ思います。仏様に会いたい！という真っ直ぐな心は美しいです。

山の上にある神社仏閣はその地形から、お年寄りや体が不自由な人の参拝は難しい部分があり、高尾山のこの光景は他では見られません。ケーブルカーがあることと、その先の道が歩きやすいようにしてあるから可能なのだと思います。

年を取っても波動の高い神様仏様にじかに参拝したい、と思う人は多いのではないでしょうか。そのような参拝者、体が不自由な人に対する思いやりを感じました。

てくてくと歩いていると、参道左側に小さなお堂がありました。私は普段、摂社だの末社だのはスルーさせてもらっています。お寺でもこまごました小さなお堂は拝んでいないのです。で、そのまま通り過ぎつつ、チラリと見たら「神変」の文字が見えました。役行者です。あかんあかん、ここはスルーしたらあかんとこやん、と慌てて手を合わせました。

山門をくぐるとちょっと楽しいアトラクションっぽい場所があります（こう書くと関係者の方に叱られるかもしれませんが）。

まず真っ先に目に飛び込んでくるのが両天狗像です。その像の前にはうちわの説明が書いてあり、触ってもいいうちわが置いてあります。

回せる六根清浄石《ろっこんしょうじょういし》ぐるまがあったり、くぐれる願叶輪潜《ねがいかなうわくぐり》があったり、鈴が鈴なりに結んで

懺悔懺悔
六根清浄

開運
高尾山

厄除開運
願叶輪潜

開運
ひっぱり蛸

ある縁結びのお堂などがありました。

すべて自分でちょっと参加してみるタイプのもので、これだと仏教という難しい宗教も親しみやすい感じがします。

そういえば参道の入口あたりに「たこ杉」という根っこがすごい大木がありました。

そこに「ひっぱり蛸」というタコの像があって、「好き好き！　こういうの大好き～」と私はすごくなごみました。ひっぱり蛸になりたいよねぇ、と思いました。

このように親しみやすい雰囲気だと「また来てみよう」という気持ちにつながり、そうやって回数を重ねていくと信仰心もあつくなっていくように思います。

それによりご加護もどんどんいただけるようになるというわけで、良いお寺だと思いました。

本堂はエネルギーがぎゅーっと凝縮していてすごい波動です。ボーッと見上げたまましばらく放心していました。

右に大天狗さん、左に烏天狗さんのお面が掛けてあります。

とりあえずご挨拶をと手を合わせたら、その時いきなり勤行が始まりました。ああ、ありがたい、とじっと聞かせていただきます。

太鼓の音、般若心経、真言、法螺《ほら》貝の音……。法螺貝はやっぱりその音と振動で魔を祓います。自分の心の闇、例えば意地悪な心とかそういうものも祓います。

法螺貝の波動のシャワーはなかなかもらえるところが少ないので、聞くことができるのは本当にラッキーです。で、しばらく聞いていましたが、「もういいかな」と思い、本堂を離れました。

よくいただく質問に、「参拝の時にありがたい祈祷が始まりました。これは最後まで聞かないといけないのでしょうか」というものがあります。

途中まででも全然大丈夫です。

それは神仏が、「よう来た、よう来た」と微笑んで下さっていることを、人間にわかる形にしてくれているものです。ですからこちらがそこにちゃんと気づけば、祈祷自体は無理して最後まで聞かなくてもいいです。

私も最後までしっかり聞く時と、ここまででいいかと途中までの時があります。その判断はご自身の直感で大丈夫です。

本堂を離れて本社へと向かいます（お堂や社殿の呼び方は

薬王院の公式サイトに従っています）。

本社へ行く石段を登っていると、本堂からお坊さんがゾロゾロと出て来られました。オレンジ、緑、青、えんじなどの色とりどりのキレイな法衣に、鮮やかな赤い袈裟をつけている方もいらしてとても華やかでした。

お坊さんの移動に伴って法螺貝を鳴らしていたので、ありがたみが倍増です。この行列の行進は最後まで見せてもらいました。

その後、上の本社へ行ったのですが、薬師如来様の気配がありません。実は下の本堂でもご本尊だという薬師如来様を探したのですが、気配がありませんでした。

下の本堂に両天狗さんはいました。

おかしいなぁ、やっぱり仏像のすぐそばまで行かないとダメなのかなぁ、と本社の周りを歩いてみました。

そこにはいくつかのお社があるのですが、とびきり縁起の良い「気」を放っていたのが、大きな石に刻んであった大黒様です。石段を上がって左手です。

すごくごりやくがある「気」を放出しています。

そばまで行ってまじまじと見ると、顔のあたりの線が薄くて見えづらくなっ

ていました。

明治8年と刻まれていたので、140年もの間、人々が撫でてきたせいですり減っているのだと思われます。なんとも縁起が良いその気を少し分けていただきたくて、私も手を合わせました。

◉修行中の仏像の頼みとは　～高尾山薬王院2

本社に薬師如来様がいないということは、やっぱり下の本堂？　うっかりしてたかな、とあきらめきれない私はもう一度下へと降りて行きました。

本堂は金網と透明のボードで仕切ってあるため、反射で中が見えません。まったく見えないので、どうしても薬師如来様はわからず、お話を聞くのは断念しました。

両天狗さんはいましたが、天狗さんは山に来ることができるので、山でお話を聞くことにしました。で、再び石段を本社に向かって登っていたら、石段の半ばにあるスペースに興味を引かれました。

そこには江戸時代の寛政期に作られた狛犬がいたり、「磁石」と書かれた古～い石があったりします。

パシャパシャと写真を撮りながら、そのスペースの左側（登る方向で左手）に行った時でした。急にカメラがピタッと動かなくなりました。どこを押しても、何をどうしても動きません。

またか、と思いました。

そこはカメラを高波動で動かなくするほどの聖地ではないので、誰かが強制的にストップさせたとしか考えられません。カメラは高波動に反応すると日光で学習しましたので、神仏からの信号だと気づいたのです。

誰だろう？　と顔を上げたところで、

「おい」と呼ばれました。

そのスペースの岩肌というか斜面というか、そこにはたくさんの小さな仏像があります。その中の一体が私を呼んでいます。

まだ呼ぶ力が小さく、こちらが意識を向けなければ、たぶん聞こえていなかったと思います。カメラが動かないという状況にならなければ、その仏像たちに意識を置くことはなく、私はそのまま上へ上がっていました。

この仏像の中には、修行中の存在が入っています。

は？

「おい、これをどけろ」

その仏像を見ると、仏像の目の部分に、木の枝がちょうど目隠しをするように伸びています。

細い枝が一本、仏像の目の高さに真横に伸びていて、その葉っぱが視界を遮っているのです。

「見えにくくてかなわぬ」

ああ、それはイライラするでしょうね、と思いました。

「どけろ」

「え！」

その枝を取るためには、石垣の上に上がらないといけません。しかもですね、石垣の上にある柵にも足をかけないと手が届かない高さなのです。

「いやいやいや、無理無理無理。こんなにたくさん人が来てるんですよ？」

ここは本当に参拝客が多く、ひっきりなしに人が上がって来ます。上がって来る人だけでなく、降りて行く人もたくさんいます。

1分あれば取ってあげることができますが、その1分間がありません。1人きりになれる時間が1分も取れないのです。人の往来が激しくて。

次から次へと人はやって来ます。

石段を見下ろして、あ、1分は大丈夫そう！　と思っても、上からゾロゾロと降りて来るのです。

「無理ですねぇ」

石垣に登って柵に足をかけて枝をパキッと折っているところを見られたら、叱られるに決まっています。

というか、それって犯罪なのでは？　と思いました。人んちの庭木を勝手に折るのです。

それはちょっと本格的にやばいと思ったので、仏像にそう言ったら、

「かまわぬ」と言います。

「あのー、仏様がかまわなくても私が困ることになるんです」

「とにかくどけてくれ」

取れ～～～～取ってくれ～～～～～～～～というオーラを発し続ける仏像に同情して、人が途切れたら取ってあげようとは思うのですが、本当に途切れないのです。ひっきりなしです。

そこに20分はたっぷりいたと思います。何とかして差し上げたい、と思ったからです。

石段を見張ってて、あ、いけそうと思うと逆方

向から人が来ます。

「あー、もー、無理です」

すると、その仏像のすぐ上にいる仏像が、

「その木が顔の前にあるから、こいつはずっとイライラしている」と言いました。

「でしょうね～、でも取れません。すみませんが、あきらめて下さい」

仏像は悲しそうに、

「せっかくわかる奴が来たのに……」としょんぼりしています。

別の人に働きかけてみたけど誰もわかってくれない、と言っていました。

しかし、できないものはできません。

「あ、じゃあ、仏像さんの力で、人を途切れさせて下さい。私1人の空間を作って下さい。そしたらその枝を取りますから」と言うと、今度は仏像のほうが、

「それは無理だ」と言いました。

「仏像さんができないのでしたら、私もできませんよ？」

「う～む」

「仏像さん、その葉っぱ、もうすぐ落ちるんじゃありませんか？　それまでの辛抱じゃないですか」

そう言うと、仏像はムスーとしていました。よほどウザかったのだと思います。「力になれず、すみません」と謝って、ついでにスマホで写真もしっかり撮らせてもらって、上に上がりました。

本社の前で試しにカメラを起動してみたら、普通にシャッターが切れました。

後日調べてみると、この仏像は青銅で作られた〝三十六童子の立像〟でした。あれから冬になって葉っぱが落ちていると思うので、今はさっぱりされていることと思います。

そのまま奥の院へと向かいます。

少し歩いて行って階段を上がると、拝殿っぽいお堂がありました。「不動堂」と書かれていました。

お不動さんか〜、ここでお不動さんはいいかな、と思った時にその後ろからものすごいパワーを感じました。強烈な波動です。

そばまで行ってみると「南無浅間大権現」と書かれています。富士山の浅間神社から勧請した神様のようです。

この神様の波動がすごかったです。強烈に強くてパワーが社殿いっぱいに充満しています。詳細がまったくわからないのに波動の強さに驚いて、見た瞬間に写真を撮ったくらいです。

しかし……私はまだ奥の院に行かねばならず、奥の院で交信もして、さらに山の中を歩いて天狗さんともお話をしなければなりません。

残念だけどここはご挨拶だけにしておこう、と思いました。

ええ、そうです～、ここが奥の院と知りませんでした（泣）。

モー！　識子さん、下調べも必要よ！　というアドバイスが飛んで来そうですね。

その日の夜、記録をしておこうと思い、あれ？　私、奥の院行ってないじゃん、と気づきました。なんで？　たしか奥の院への案内通りに歩いて行ったはず、と思い、ネットで検索してみて事実を知ったのでした。

「…………」と、しばらく呆然として、立ち直るのに時間がかかりました。それくらいショックでした。

奥の院も両天狗が祀られているのだろう、と勝手に予想していた私が悪いのですが、もったいないことをしました。

薬王院はお寺ですから、神社のお社の浅間神社がまさか奥の院だとは、輪をかけて思いません

でした……。うう……。

で、まあ、奥の院と知らず摂社か末社の浅間神社だと思った私は、２礼２拍手１礼の形式的なご挨拶だけにして、先へ行こうとしました。

すると、

「もう行くのか？」と神様が声をかけてきました。

「話は聞かずとも良いのか？」と優しく言います。

そりゃそうですよね、奥の院ですし、私は奥の院で話を聞こうと思っていたのですから。

でも事情がわかっていない私は、

「え？　摂社末社なのに、なんでそんなことを言うのだろう？」と不思議に思いました。

そこで時間がないことを説明しました。

今日は山を下りたらここまで移動して、この神社と、この神社まで行く予定なんです、と。実は後から考えると、ここでもし話をしていたら、予定していた最後の神社には参拝できていませんでした。

ですから本当に時間はギリギリだったのです。

神様は、ここが奥の院であるぞ、などとは言いません。

「そうか」とだけ言いました。

多分、最後に行く予定の神社に、参拝を譲られたのだと思います。

「失礼します」と言って離れながら、強い神様だなぁ、すごいパワーだな、富士山から来てるからかな、と思いました。

これを書いている今、あの神様にもう一度お会いしたい〜、と心の底から思います。

ですから、これから行かれる皆様は後悔のないよう、浅間神社にも手を合わせるといいと思います。高波動と力のすごさは私が保証します。

◉神仏のスカウト　〜高尾山薬王院3

奥の院をスルーしたとは気づかずにそのまま歩いて行くと、ウッドデッキのような道になります。木材が敷かれていて、なんだかとても気持ちがいい場所です。

ベンチも用意されていたので、ちょっと座らせてもらいました。

そこからはすぐに山頂に着きます。薬王院から約20分、あっという間です。

山頂は広々としていて、ベンチもたくさんあり多くの人がのんびりと休んでいました。

登山はちょっと……という方には、こちらの山はお勧めです。ケーブルカーを利用すれば気軽に行けます。

山頂で私はせかせかと写真を撮り、水分補給をし、トイレを済ませるとすぐに下山しました。

下りは6号路を歩きました。

山頂から薬王院まで戻って、そこからまたケーブルカーの駅まで戻って……と考えると、歩いたほうが早いわ、と思いましたが、そんなことはありません。ケーブルカーのほうが早いし、ラクです。

6号路は水が流れていて、足元が濡れるところがありました。そしてとにかく人が多いです。

登山道のほうはそうでもないのかと思いいま

したが、こちらもひっきりなしに人とすれ違います。大袈裟ではなく、10分も1人で歩けたら長いほうです。15分間、1人で歩くことはなかったと思います。大抵、5～6分で次の人とすれ違います。紅葉シーズンだったからかもしれませんが。

天狗さんと会話をしていても、すぐに三次元の現実に意識が戻ってしまうのです。というのは、道が狭いため、すれ違う時に道を譲ったり譲られたりします。そこはどちらが先に道を譲るかですから、前から人が来ればそこを考えなければなりません。

交信中でも、せいぜい5～6分で次の人とすれ違うのですから、途切れ途切れでのお話になります。

譲らなくていい広めの道でも、「こんにちはー」と挨拶されるので、「こんにちはー」と返します。その瞬間、意識は三次元です。この繰り返しでした。

えっと？　お話はどこまででしたっけ？　としょっちゅう後戻りします。6号路では交信は難しかったです。

もっと険しいルートで人が少ない道を行くべきでしたが、まさかこんなに人が多いとは……思ってもみませんでした。

東京ってやっぱりすごいです。ケタ違いなんですね。

あちこちの山を登っていますが、こんなにぎわった登山道は初めてでした。

その山の中で天狗さんを呼んでみました。

「こないだ飯縄山の烏天狗さんとお話をしました～。ここの烏天狗さんは飯縄山から来られたのですか～？」と言うと、姿をパーっと見せてくれました。

飯縄烏天狗さんと同じ姿です。剣を持って雲に乗っています。

サイズは飯縄烏天狗さんに比べると、少し小さめですがそれでも大きいです。

「ちょっと小さめなのですね」と言うと、シューッとわざとものすごく小さくなっていました。

ふふふ、と笑わせてくれるユーモアです。

高尾山の烏天狗さんは本当に飯縄山から来ています。僧侶の〝体に乗って〟この高尾山まで来た、と言っていました。

この天狗さんを自分に乗せて、長野県から東京まで歩く……それはさぞかししんどかっただろうと思います。高波動過ぎて。普通の人はできません。その僧侶はすごいです。

高尾山にも両天狗さんがいて、烏天狗さんのほうは飯縄山から来たとわかりましたが、では、大天狗さんは？　と疑問が湧きました。

「大天狗さんも飯縄山から一緒に来られたのですか？」と質問をすると、

「人形岳」という答えが返ってきました。

人形岳……？　初めて聞く名前です。というか、そんな名前の山があるの？　と疑っていたら、

「人形岳」と漢字も見せてくれます。しかし聞いたことがありません。

帰宅して後日調べてみると、たしかにありました。宮崎県の延岡市です。

ネット情報によると、【人形岳付近は岩場やロープヶ所が有る急峻なルートです。登山口の標識には、中級者～上級者向けと表示がありましたがそのとおりのコースだと思います】（引用部は原文のままです）と書かれていました。

人形岳が本当にあるというのは後からわかったことで、高尾山のその場の私はまだ知りません。例によって信心が足りない私は……ここでも半信半疑なのでした（ひー、胃が痛い～。思い出すと冷や汗ものです。学習能力ゼロです）

「へぇ～、では、その人形岳ってところから（この言葉の使い方が半信半疑を如実に表しています）、どうして大天狗さんがこの高尾山に来たのですか?」と聞くと、これがまた予想もしない返答でした。

烏天狗さんが呼びに行ったと言うのです。つまりスカウトです。

それはなぜかというと、信仰心があついたくさんの人間が来て、一生懸命、烏天狗さんと大天狗さんをセットで拝むからという話でした。

最初、この山に大天狗さんはいませんでした。

しかし心から両天狗さんに感謝する人が多く、それに応えるために力がある大天狗さんをスカウトしに行ったのだそうです。

多分、烏天狗さんの神格と釣り合う神格の高い大天狗さんなのだと思います。すごく興味深い由緒で、神仏は信心する人間に対して、見えないところでも深い思いやりを持ってくれているのだと知りました。

この地域一帯は大昔、狼の眷属・精霊がいたそうです。そこにお寺が建てられ、仏様がいろいろと来て、そののち烏天狗さんが来て、大天狗さんが来て……狼はあちこちに散らばったそうです。狼は狼で修行をするからだということでした。三峯神社や武蔵御嶽《むさしみたけ》神社の方面に行ったのかな、とこれは私の推測でそう思いました。今は高尾山に狼の眷属はいないのだそうです。

狼がいなくなってから、高尾山は小さな天狗たちの修行場となった、と言っていました。人が多く訪れるおかげで修行が進むのだそうです。

切り立った崖だらけの険しい自然を利用した山で修行をするのとはニュアンスが違い、人のお世話をする修行という感じでした。

力がない小さな眷属は山岳系神様のような強いところに、いきなり眷属にして下さい、とは行けないからです。

コツコツと修行によって力をつけていき、霊格を高め大きくなっていくわけです。高尾山には多くの小さな天狗がいるということでした。

そこでまた疑問が湧きました。

薬王院はお寺です。仏教方式で勤行がされています。

古峯神社は神道です。祝詞でお勤めがされています。

どちらも見たところ、同じ天狗さんです。違いは何？　と思いました。高尾烏天狗さんは、

「違いはない」と言います。

そしてもう一言付け加えました。

「眷属に違いはない。稲荷もそうであろう？」と。

そういえば、これと同じ回答を豊川稲荷東京別院の眷属のキツネにも言われました。

稲荷〝神社〟の眷属のキツネも、お寺である稲荷の眷属のキツネも同じ、ということでした。

私はその時、かすかに色（神様色とか仏様色とか例えて言えば雰囲気みたいなものです）が違うけどなぁと思いました。

しかし天狗さんの場合、色の違いはなく天狗は天狗なのです。不思議な存在です。

そこで、またまた別の質問が頭に浮かびました。

高尾山の薬王院で仏教方式で勤行されてきた天狗さんが、山岳系神様の元へ眷属として行けるのか？　です。

山岳系神様のところでは祝詞でお勤めになるわけで、そこはどうなるの？　大丈夫なの？　と思いました。

そこで高尾山の烏天狗さんは、修験道とはという話をしてくれました。

ここで「修験道《しゅげんどう》」という宗教をご存じない方のために、簡単に説明を致します。

【修験道は、山へ籠もって厳しい修行を行うことにより、悟りを得ることを目的とする日本古来の山岳信仰が仏教に取り入れられた日本独特の混淆《こんこう》宗教である（Wikipedia より）】

修験道は役行者が開祖とされている宗教で、役行者が感得した蔵王権現という神仏を主に信仰しています。

この権現は、仮の姿で現れている、ということで、仏教の仏様の仮のお姿である、ということになっています。

ですが私の個人的見解は、役行者本人は権現様をそのままストレートに〝山岳系神様〟と説いていたのではないか、とそう考えています。

というのも、役行者が開いたという山をあちこち登ると、そこにはほぼ確実に山岳系神様がいるからです。

役行者が山岳系神様を見つける力はすごいです。

例えばあの当時、日本中の山々から山岳系神様がいる山を特定して下さいと言われたら、それが私であれば、東北から九州までひとつひとつ登って探すしか方法はありません。そんなことをしていたら、あっという間に一生は終わってしまいます。当時は新幹線も車もない時代なのです。加えてネットも書籍も、詳細な地図も何もありませんから、自分の直感や能力を使ってある程度の目星をつけ、登ってみるしかありません。ですから役行者の能力は超人的だと言えます。

その役行者が見つけたというか、感じたというか、信仰しやすいように具現化したのが権現様なのです。

私は、姿がない山岳系神様の仮の姿として権現というものを作り、信仰しやすくしたのではないかと考えています（個人的見解ですので、修験道という宗教の教義とは考えが違います）。

現在、権現様は弥勒《みろく》菩薩とかそういう仏教の仏様の仮の姿として、読経や真言でお勤めされています。

高尾山の烏天狗さんが言うには、

「修験道は山の神を信仰している、その信仰の方法が仏教である」とのことです。

難しいです。

何となく……程度にはわかりますが、仕組みが理解できません。

もちろん日本語は理解できますが、何をどのように言っているのか、その言葉の奥がわかりません。頭の中でハテナマークがグルグル回ります。

「方法は仏教だが、見ているのは神である」

うーん、ますます意味がわかりません。いいの？　それは？　と思います。

ここで「びわ滝」という標識が出てきたので、そちらへ行ってみました。お堂とともに行者の滝がありました。

昔は自由に滝に打たれることができたのでしょうが、私が行った時は立入禁止になっていました。

そこからは滝について考察をしつつ歩いていると、今度は何やら左手に洞窟を発見しました。何だろう？　と橋を渡って行ってみました。そこには「岩屋大師」と書かれた石碑がありました。

洞窟が２個あって、右側は天然の洞窟らしく、中に古い石仏があります。見るだけ見て手は合わせずに、今度は左側を覗いてみました。

こちらは人工の洞窟で、そこには仏像が安置されていました。見た感じお地蔵様のようでした。

私は頭だけ下げてその場を去ろうとしました。すると、

「般若心経をあげてくれ」と言うのです。

「すみません、私、般若心経を持っていないのです」と答えると、

「………」みたいな沈黙があって、

「覚えたほうがいいぞ」とアドバイスされました。

「はぁ……」

「まあ、ゆっくりしていけ」

「いや〜、ゆっくりしたいんですけど、今日は時間がないんです」

そう言って失礼させてもらいました。新しい仏像のようでしたが、魂が入っていました。

しかし、お地蔵様が自分のために読経してくれ、とは言わないと思うので、そのあたりには成仏していない霊がいたのではないかと思います（私は幽霊を見ません）。

お地蔵様は成仏していない霊のお世話もされるので、その霊たちに聞かせる必要があったのかもしれないと思うと、ちょっと申し訳ない気持ちになりました。

右側は空海さんゆかりの洞窟と伝えられているようですが、残念ながら空海さんの波動はまったくありませんでした。

ケーブルカーの駅の近くまで下ってきたせいか、多くの人とすれ違います。

よくわからなかった修験道の話は、これも今後の課題だなと思い、高尾山の烏天狗さんにお礼を言いました。

駐車場は温泉施設のコインパーキングを利用していたので、せっかくだからお湯にちゃぽんっと浸かって行こうかな、とギリギリまで迷いましたが、今回は断念しました。

次回があるとしたら、次は温泉に浸かって帰りたいと思います。

第五章 お犬様伝説

◉宿坊に前泊　～三峯神社1

三峯神社という名前を初めて知ったのは、ブログの読者の方からのメールでした。狛犬らしき2匹の犬が私の元に来ましたという話をブログに書いたところ、それは三峯山から来たお犬様ではないですか？　と何名かの方が教えて下さったのです。その神社の由来について丁寧に書かれていたメールもありました。

その後も時々、関東に来た時は是非参拝してみて下さい、とこの神社の名前が書かれたメールを何通ももらいましたし、私が大好きな神社です、というメールも何回かいただきました。

いつか行ってみたいとずっと思っていた神社です。

ここの眷属は狼だそうで、「普通の神社よりちょっと怖い」「ちょっと厳しい雰囲気」という噂があることも読者の方の情報で知りました。

朝一番に奥宮から参拝しようという計画を立て、早朝から行動をするためという目的もありましたが、せっかくなので神社の神域内にある宿坊「興雲閣」に泊まることにしました。

ここでお断りしておきますが、私はどこに行ってもブログをしているとか本を出したことがある話はひとこともしていません。ごく普通のお客さんとして行って、その体験を正直にそのまま書いていています。

さてその当日です。私は群馬県方面から三峯神社に向かって車を走らせていました。第７章に書いている於菊《おきく》さんとの話が長引いたため、三峯神社の駐車場に着いた時はあたりはすでに真っ暗でした（最終チェックイン19時ぎりぎりでした）。

初めて来た神社ですから暗闇では右も左もわからず、しかもその駐車場はものすごーく広くて、さらに荷物は超重たく……運転疲れもあって興雲閣を探す体力がありませんでした。

予約時に、駐車場からお電話をもらえれば迎えに行きますよ、と優しい言葉をかけていただいていたので、そのお言葉に甘えて電話をかけてみました。

すると「迎えに行きます」とおっしゃって下さり、あ〜、ありがたい〜、とそのだだっ広い駐車場で１人ポツンと待ちました。

山の中なのに、暗くても全然怖くありません（怖い山もあります）。

なんだか優しい「気」に包まれたような感じで、想像とは違っていました。

駐車場に立って夜空を見上げ、「私は今、ずっと来たかったあの三峯神社にいるのだなぁ」と、思ったその時でした。

どでかい狼が１匹上空に現れたのです。その狼が真正面からじいぃーっと私を凝視しています。

うわぁ！　狼だ！　本当に狼がいるんだ〜！　と思いました。

でかい狼はじーっと私を見たまま動きません。挨拶するべき？　と思いましたが、夜だし明日でいいだろうと思った時に、迎えの車がやってきました。

迎えに来てくれたのは神職さんでした。興雲閣に到着するまで5分くらいでしたが、お話をしているととっても穏やかな良いお人柄であることがわかります。

二重にありがたい、と心の中で合掌しました。

興雲閣は宿坊ですから、お部屋にトイレもお風呂もありません。しかし和室の部屋は広くてのんびりくつろげます。

食事は6階の一部屋一部屋が個別の食事会場になっていました。夕食も朝食も私1人でいただきました。私の他にもう一組宿泊していましたが、その人たちはその人たち専用で別のお部屋が食事会場として用意されているのです。

これはありがたかったです。人の目を気にせず思いっきりおかわりができるし、誰に気を使うこともなく、遠慮もしなくていいし、ばくばく食べても恥ずかしくありません。自由にのびのびと食事ができます。

お風呂は温泉です。少しだけ加温しているようですが、地球のパワーをそのままとったお湯でした。しかも神域内ですから、さらに波動が高くなっています。

日帰りでも入れるようですので、三峯神社に行かれた方は浸からないのはもったいないです。

ただし露天風呂とかはありません。

パワーあるありがたいお湯に浸からせてもらって、高波動をいただく、それによって自分の波動も少しアップする、というお湯です。露天風呂まで望むのはちょっと目的が違います。

テレビは朝、時間を見るためにつけましたが、受信状態が安定していませんでした。深い山の中ですから仕方ないです。携帯の電波は大丈夫でした。

この宿坊がお勧めなのは、神域に泊まれるとか、波動が高い温泉とか、今あげたことが理由ではありません。

実はこの宿坊に泊まると、すごい特典があります。

神社の眷属である狼が1匹、その人のためにやって来るのです。

チェックイン後、お部屋に通されて荷物を置き、6階へ食事をしに行って戻ってきたら……狼が1匹いました。その部屋の上空にいます。

そしてその眷属は、夜通しそのままそこで守ってくれるのです。駐車場で見た責任者の大きい狼ではなく、普通の眷属クラスの狼です。

悪いものが夢を通して、夢の中から悪さをしないように、つきっきりで守護してくれます。

ホテルなどでは何回か目が覚めて十分な睡眠が取れないことが多いのですが、眷属のおかげでぐっすり眠れました。神域で休むから体の回復もバッチリです。温泉効果もあります。

翌朝は早い時間から元気に活動することができました。
この神社の眷属は人間を守る、という意識が強いのだなと思いました。

◉子狼たちと登る奥宮への道　～三峯神社2

まず、奥宮から参拝しました。山頂まで約1時間の登山です。

この登山道の途中が、わかりにくいの何のって、何回も立ち止まって悩みました。こっちでいいの？　と。

とりあえず上に向かって行けばいいんだよね、と上下だけを頼りに歩きました。落ち葉が積もっているせいもあったのかもしれませんが、わかりにくいので不安になりました。

ふと見ると、私の前を子狼が3匹、先導しています。

奈良県の源九郎《げんくろう》稲荷神社で見た子ギツネのように、修行がまだ進んでいなくて力がないので子どもに見える狼です。サイズが小さいです。

もしかしたら本当に子どもなのかもしれません。というのはこの子狼がとっても純真で可愛いかったのです。

３匹はこげ茶の濃い色で、毛が立ち気味というか、毛が太くて剛毛というか、そんなふうに見えました。

３匹はタッタッタッと軽やかに走って、立ち止まり、振り返ります。そして、

「まだ？」と私を急かします。

「あのね、君たちは神獣やん？　走ってるようで、それ飛んでるんやん？　一緒のスピードは無理やって。人間はそんなに早く歩けないよ」

「えー」

「つまんないのー」

「早くー」みたいなことを口々に言います。それが何とも可愛いです。

何回かそんな会話を繰り返した時に、

「そういえば昨日の夜、駐車場にでっかい狼が来てたよ」と言ってみました。

すると、それは一番強い親分なのだ、自分たちの頭領だ、というようなことを言います。

「ボス？」と横文字で聞くと、

「ボス！」

「ボス〜」

「ボス〜」と各自で言っていました。にぎやかな子狼です。

話の内容から、前日のでかい狼はどうやら一の眷属のようでした。

3匹は「おん××（後半部分が聞き取れません）」と連呼します。なかなか聞き取れないので立ち止まり、よーく聞いてみると、「オンガ」と言う子と「オヌガ」と言う子がいます。

多分、正式な音はこの中間の発音なのではないかと思いますが、それがボス自身の名前なのか、狼という眷属の総元締めの役職名なのか、どちらかはわかりませんでした。それが呼び名のようでした。

仮にボス自身の名前だとしても神獣に名前はないから、大昔に人間が付けたのかもしれないです。天狗の太郎坊とか三郎坊のように。

歩きつつスマホに向かってヒソヒソしゃべって音声でメモをしていると、それを見た子狼が質問してきました。

「それはナニ？」

「あ、これ？　メモをしてるのよ。記録ね。後で聞いて、それを本に書くの」

「へー！」

「へー！」と、まとわりついてきます。何だか子犬みたいでなごみます。

奥宮への登山については、暗く怖い雰囲気だの、凛とした厳しい気配だのいろいろな噂があって、どれほど怖いのだろう……、と覚悟していましたが、やはり神社仏閣は行ってみなければわかりません。

全然想像していた感じと違います。

実に明るく楽しい登山です。

子狼たちのおかげもあるけれど、薄暗い陰気な「気」などまったくありません。

ただですね、途中で道がわかりにくいです。木の根っこがたくさんあったりもして。

「これ、どっち～？　わかるようにしてくれたらいいのにな～」などと愚痴っていたら、

「大丈夫ー」

「オレらが先導するからー」と子狼が言います。

「見える人はいいけど、見えない人もいるんじゃない？」と言うと、そこは大丈夫らしいです。彼らがちゃんと先導するのだそうです。

それが子狼たちの今の〝仕事〟〝修行〟なのだそうです。責任を持ってしているようです。子狼とばかりしゃべっていたら、上の眷属や神様の話が聞けないので、子狼とのコミュニケーションはここで一時中断することにしました。

◉驚くべきごりやく　～三峯神社3

神様は山岳系なのですが、私は神様よりもその「オンガ」さんに興味を引かれました。なんとしてでもオンガさんに話を聞きたい！　と思いました。

そこで「オンガさぁ～ん！」と大声で呼んでみました。

オンガさんはすぐに来てくれました。やはり昨晩のでっかい狼でした。

最初の質問は、ここへ来るきっかけになった「私の狛犬は三峯山から来たのでしょうか？」です。

可能性は大きいと思ったのですが、「違う」ときっぱり言われました。そうか、違うのか……とガッカリです。この山から来ているのだったら、心からお礼を言いたかったからです。どれだけ助けられているか伝えたかったので、残念に思いました。

言われてみれば、登山途中で狛犬たちは嬉しそうに尻尾を振っていましたが、ここが古巣という雰囲気ではありませんでした。

この神社は狼の眷属が非常にたくさんいます。狼がたくさんいることによる、ごりやくは何なのか、そこを聞いてみました。

オンガさんの話を要約すると……。

この神社は俗に言うキツネ憑《つ》きなどにすごい力を発揮するのだそうです。キツネだのヘビだの（神獣のほうではなく悪さをするほうです）そういった獣系の悪いもの、幽霊や悪霊、魔を祓ってくれるらしいです。

つまり何か悪いものが憑依した時に、その悪いものから助けてくれます。憑き物と言われるものを落とす絶大な力を持っているのです。

それら憑き物は、狼が牙をむいてガルルルーと威嚇すると逃げて行きます。その姿を見せてもらいましたが、神獣とは思えないくらい凶暴で気性が荒く、死ぬほど怖いです。

神様のパワーを持っていますから、ガブと噛まれたら憑き物には相当の痛手になるのではないかと思います。

ですから、何か重たいどんよりとしたものが乗っているような気がする、という人は参拝に行くといいです。

狼は何でもかんでも祓ってくれるというわけではありません。落とせないものもあるそうです。

それは何かとお聞きしたところ、

「生霊の〝念〟は落とせない」と言っていました。

威嚇しても効果がないのだそうです。管轄が違うということでした。

狼がそのように憑き物を落とすのが上手だということは、お稲荷さんの眷属のキツネも同じように「キツネ憑きの悪いキツネ」を祓えるのかと思ったら、キツネ同士だと狼のように一発で祓うというわけにはいかず〝戦う〟ことになると言っていました。

それも何だか恐ろしい話です。ですので、何か悪いものが憑いているかも？ と思ったら、三峯神社へ行くほうが早いです。

オンガさんが言うには、憑かれている時は「下で」（登山中に話を聞いたので神社のことを言っています）祈祷を受けよ、とのことです。

その祈祷を受けている時に、オンガさんや他の眷属が祓う、と言っていました。

ただとても強い悪霊などの場合、三峯神社に行くことを嫌がって何とか行かないようにすることもあるそうです。アクシデントを起こしたり、体調を悪くしたり、などです。

このようにもしも強い悪霊だと、三峯神社には行けない可能性が高いということで、ではそういう人はどうすればいいのか……というと、オンガさんは、

「眷属が出向いて守護する制度がある」と言っていました。

へぇー！ 出張で来てくれるんだ！ と聞いていていて驚きの連続です。

説明は続きます。

神社に来ればオンガさんが確実に祓ってくれます。

しかし、ここで祓っても、逃げた悪霊は家に戻って待っていることもある、のだそうです。ほとんどは逃げてしまうそうですが。

すると、帰宅した時にまた憑いてしまいます。

眷属が出張して守護する制度があるのは、こういう場合に備えてということもあるそうです。家の中に狼が来て威嚇しまくるので、完全に逃げていく、とのことでした。

その出張制度のためにこの山には狼がたくさんいるのだ、と言っていました。

どれどれ？　と見たら、想像を絶するものすごい数です。

いくら出張制度があるとはいえ、ここまで多くの狼はいらないのでは？　と思っていたらさらに説明をしてくれました。

三峯神社は祓い落とす専門のような神社です。それはつまり、日々祓い落とされた悪いものがそこにいるわけです。

それら悪いものは波動の高い神域に長く居ることを嫌がり、というか、人間から離れて単体では長く居られないため、放っておいても神域からは出て行きます。

神域から出て行ったと言っても遠くまでは行かず、神社の近辺に居座ってしまうものもいるのだそうです。そうなると神社の周辺は悪いものだらけになってしまいます。

そこで狼たちが、祓われた後に周辺をウロついたりしないよう、執拗に追いかけ回すのだそうです。そうして神社の近くから、はるか遠くまで追いやっている、という話でした。

1日に神社で落とされていく悪いものは50とか60とか、そんなに少ない単位ではないと思うので、追いかけ回し部隊の狼もたくさん必要だということがわかりました。

三峯の神様は山岳系ですが、普段は奥宮のほうにいて、下の神社はオンガさんに任せているようです。

◉奥宮のパワースポットと開運について　～三峯神社4

奥宮はそんなに広くはなく、大勢で行くと休憩もできないような狭さですが、景色の良い場所です。

奥宮の手前に見晴台みたいなものが設置されていて、そこに座ると目の前の山々に癒されます。しかし、パワースポットというわけではありません。景色がいいなぁ、爽やかだなー、という場所です。

お社に手を合わせ、お社の右手を散策（敷地が狭いので散策というほどでもありませんが）していると、「こっちだ」と言われました。

言われた通りにお社の左側へと回ってみると、そこには石碑がありました。「秩父宮殿下御登山記念碑」と彫られています。

この記念碑の奥がパワースポットでした。記念碑は、「この先は行き止まりだからね」みたいに立っていますが、その向こうにちょっとしたスペースがあるのです。私も教えてもらわなければわかりませんでした。そこがすごく浄化される良い場所です。

一本、大きな木がはえていて（何の種類かまではわからないです）、その木の根元です。あまり向こうへ行くと、滑落する恐れがありますので十分気をつけて下さい。

そこに座り、澄み切った空気を胸いっぱいに吸い込んで、手が届きそうな空の青さをもらいます。浄化されてクリアになっていく自分がわかります。とっても気持ちがいいです。

何も考えずにいられるという心地良い時間が過ぎていき、私はそこに30分以上座っていました(さすがにお尻が冷えました)。

下山する道で子狼たちはうなだれて歩いています。犬が頭を下げてしょんぼりしているような、そんな感じです。

「あれ？　どないしたん？」と聞くと、寂しいと言うのです。登りは楽しいが、下りは寂しいと。

下って行けば行くほど、ますます寂しそうな雰囲気になっていきます。

「また次の人を先導したらいいじゃん」

「他の人は見えないから話しかけてくれない……」

「ああ、そうか、じゃ、見えなくても話しかけてあげてね、って書いておくから」

そう言うと、３匹はとても喜んでいました。

この〝修行〟かつ〝仕事〟は、先導しながら守護もしているのだそうです。

そこで20代の若い女性とすれ違いました。彼女には子狼が２匹ついていました。その後にすれ違った２人組の女性には３匹がついて守っていました。

ワシは登山のベテランです、という雰囲気のおじさん１人ともすれ違いましたが、おじさんには大きめの狼が１匹ついていました。

これは体力とか山登りの経験とか足腰の強さとかその人の霊的な力とか、いろんなことが考慮されて先導する数が決まるようです。

それからすると私には１匹が妥当だと思われるのですが、そう言うと３匹は、

「とくべつ〜」

「とくべつ〜」

「とくべつ〜」と、3匹もついているのは厚待遇である、と強調します。

たしかに単独登山の人には1匹か2匹だったので、それはありがたいと感謝しました。

ちょうどその時でした。ゴツゴツと地表に出ていた木の根っこにつまずいて、おっとっと〜と転びそうになったのです。

「あぶな〜」

「あぶないよ〜」

「だから3匹ついているんだよ」と子狼たちが言います。

「え！　君たちさっき、とくべつ〜とくべつ〜って言ってたやん」と突っ込むと、楽しそうに笑っていました。

3匹が守ってくれたのは厚待遇ではなく、足腰が弱っているおばさんだから、というのが理由のようでした（笑）。

ここは本当に楽しい登山です。子狼たちは嬉しそうに飛び跳ねたり、うなだれたり、犬のようで可愛いです。犬と狼って同じ種類なんだなぁ、としみじみ思いました。

下山して、神社のほうへ行ってみました。

神様はそこに降りてきてはいませんでしたが、オンガさんが本殿の上にどっしりと座っていました。

王者の風格です。貫禄があります。数え切れないほどの狼を束ねているだけのことはあります。

ここでの願掛けはどうなのかと言うと、叶わないとは言いませんが、積極的に叶うほうではないと思います。

しかし、開運効果は大いに期待できます。

なぜなら、自分が気づかないうちに悪いものを乗せていることがあるからです。

体にそんなに悪影響が出ていない場合、幽霊などをず～っと憑けているということがあります。

本人が気づいていないだけで。

そうすると、運はだんだん下降していきます。

『「神様アンテナ」を磨く方法』という本に書きましたが、息子に幽霊が憑いていた期間、息子の運勢は坂道を転がるように悪くなっていきました。息子の場合は体の調子も悪くなりました。そして幽霊から解放されると、一転して運は上昇していきました。

つまり、気づいていなくても悪いものを乗せていると、どこかしら体の調子悪いとか、なぜか運勢が悪くなっていくとか、「低い波動の領域内」に、常にいるようになります。

憑いている悪いものの波動が低いからです。

自分で意識して波動を上げる努力をし、そのようなものをはじく力、最初から乗っからせない力をつけると憑かれることはなくなります。でも自分の波動がそこまで高いかどうかわからない、はじいているのかわからないので不安という方はこの神社に行って、一度スッキリするといいかもしれません。

開運効果の続きです。

悪いものをここで祓ってもらうと、それまで低い波動の世界へ引っ張っていたものをキレイサッパリはがしてもらえます。

低迷していた悪運から逃れることができます。

それがつまり、〝開運〟につながっていく、というわけなのです。

運を上向きにしたい、ついていない人生から脱出したい場合も行くといいと思います。

それが〝憑き物のせい〟であれば、確実に開運できます。上昇しようとする運を引っ張っていたおもりのような存在をはがしてもらえるからです。

憑き物がついていなくて運が低迷している場合は、違う神様に開運願掛けに行くほうをお勧めします。

神社の公式サイトに、

【古くからこの御眷属様を御神札として一年間拝借し、地域の、或いは一家のご守護を祈る事が行われています。これを御眷属拝借と呼び、火盗除、病気除、諸難除の霊験あらたかです】と書かれていました。

出張制度は、眷属をお借りするという考えに変換されるわけか〜、なるほど〜、と思いました。

出張で来ていただく場合は、その専門のおふだをいただいたほうが良いと思います。そしてオンガさんに直接お願いしてみて下さい。

ただ、約束事として、1年経ったら〝必ず〟来ていただいた眷属を神社までお連れしなければなりません。眷属が実際に来てくれるのですから、そのへんの神社の古札納所《こさつおさめしょ》に持って行く、などという失礼は決してしてはいけません。来ていただいた時と同様、神社までお連れしてお礼《れい》を言う、これは最低限の礼儀です。

ちなみにオンガさんは祓うほうのエキスパートですので、オンガさんに願掛けをしても叶えてもらえません。

◉ペットに優しい神社　～武蔵御嶽神社1

ここの山でまず驚いたのは、ケーブルカーの駅にペット待機場所が設けられていたことです。動物が乗るのは当たり前、みたいな設備は初めて見ました。車両の中にも「ペット優先エリア」があって、ペットに優しいケーブルカーです。

資料によると、御岳山《みたけさん》駅（山頂駅です）から武蔵御嶽《みたけ》神社までが30分、武蔵御嶽神社から奥の院までが1時間程度となっていました。

御岳山駅からは民家の脇を通る細い道を歩いて行きます。神社までは15分程度で着きますが、最後の石段が多くて長く、そこから7～8分かかります。

長い石段の横には「××講」と書かれた石碑が立ち並んでいて、古くから多くの人に深く信仰されてきた神社のようでした。

ヒーヒー言いながら石段を登っていると、参道脇に休憩用ベンチが置いてあります。石でできたそのベンチは、座る部分の板を犬が両横から持ち上げている、というデザインでした。「す、座れない……」と思った私は、頑張ってそのまま登りました（笑）。

神社拝殿は修復の真っ最中でした。

ここの狛犬ならぬ狛狼は一般的なずんぐりむっくりしたものと違って、颯爽としています。ポーズがライオンのようで非常にカッコイイです。

拝殿では工事の作業をしている人がいましたので、そこでのご挨拶は早めに切り上げました。

授与所のそばまでいくと、奥へ行けるようになっています。

拝殿の奥には本殿があり、本殿周辺からその奥のスペースには摂社・末社があります。７〜８社ほどあったと思います。

その広場のような場所の「気」がすごく心地良いです。ほわ〜んとリラックスできます。そこでひとつひとつお社を見せていただいて、ゆっくりのんびりと時を過ごしました。

摂社末社は全部に手を合わせなくても大丈夫ですが、ここの神社の場合、一番奥にある「大口真《おおくちま》神社《がみしゃ》」だけはご挨拶したほうがいいです。

眷属の狼のお社ですが、ものすごいパワーなのです。お社いっぱいにエネルギーがパンパンに充満している、といった感じです。

狛狼にもしっかり強い眷属が入っていました。石像も怖い顔に作られていますが、中に入っている眷属本体はそれに輪をかけて怖いです。〝あ〟のほうは横顔も怖くて、顔を見るだけでビビります。素通りはできません。

しかしですね、この狛狼の像、後ろから見ると素敵なロングヘアーになっていました。キューティクルが整ったようなしっとりヘアに作られているのです。

うふふ、可愛い〜、と私は親近感を抱きました。

「可愛いですね」などと下手に言って、ムッとされたら困るので口にはしませんでしたが。

広場の端っこには奥の院遥拝所もありました。奥の院まで行けない人は、ここから手を合わせるといいです。私はこの場所から奥の院を見て「遠いぃ〜。行くのやめたい」と泣きそうになりましたけど（笑）。

この神社では奥の摂社末社広場に長くいるといいです。心身にとても良い作用があります。お勧めです。ただし、ここはペットは立入禁止でした。

神社から奥の院へは50分程度でそこまでしんどくはありませんが、ラクには登れません。やはり途中でゼーゼーハーハー言います。

三峯神社の奥宮は比較的ラクに登れるほうなので、登りの最中でも眷属と話ができますが、ここ御嶽神社は途中がしんどくて難しいです。

ゼーゼー言って登っていると、しんどさのあまり神様どころじゃなくなります。ひたすら無になって歩くのみ、です。

ここの神様ももちろん山岳系神様です。

奥の院で手を合わせ少し休憩していると、神様に、

「空の景色が美しいから上まで来なさい」と言われました。奥の院の左手から上に行けるようになっています。

ちょっと登ると広場のようになっていて、ここに小さな祠がちょこんとありました。なんと、この祠が奥の院なのだそうです。

私はすぐ下の赤いお社がそうなのだろうと思っていたので、慌ててこちらにも手を合わせました。

赤いお社のところで休憩している時に、上まで行かずに手を合わせてすぐに下山したご夫婦がいました。きっと赤いお社を奥の院だと勘違いされたのだと思います。

でもここの神様はどちらにもスッと行けるし、勘違いするであろうことも知っていますから、どちらで手を合わせても変わりはないです。

山頂広場の眺望は残念ながら良くありません。木々に遮られています。

しかし神様の言った通りこの場所は空の景色がとても美しかったです。空なんてどこから見ても一緒なのでは？　と思われるかもしれませんが、それが微妙に違います。

山によっては「空に近い場所」というのもありますが、あれも単純に標高で決まるわけではなくて、その場所のエネルギーとか波動とか神様の性質などによって決まります。

美しい空の景色だな～、と見上げていたら、

「時々、空の青さに溶け込むと良い」と神様が教えてくれました（イメージです）。

そのトレーニングを積むといいそうです。

青い空に自分がすうっと溶け込む、自分をなじませるみたいな感じでしょうか、青空いっぱいに自分が広がるでもいいです。

そうすることで、煩悩から解放され、ラクになるのだそうです。ストレスも解消するらしいです。私も言われるままにやってみました。

この日の私は気になって気になって仕方がないことがひとつありました。結果が気になる、という種類のもので「悩み」ではありません。

青空に思いっきり溶け込んで……も、その気がかりは消えていませんでした。

「…………」となっていたら、

「まだ煩悩を持ったままではないか」と神様は大笑いしていました。

すごく笑う神様なんだ～、と私は嬉しくなりました。

青空にうまく溶け込むには最初に神様が言ったようにトレーニングが必要で、１回こっきりやっただけで効果抜群！　というわけにはいかないようです。


神様は山岳系ですから、お願いは何でもして良いとのことです。

「お前の願いは何か？」と聞かれたので、ひとつ願いを言ってみました。

すると神様は、その件についてはこうである、と意外な説明をしてくれました。だから別の願いを言いなさい、と言われました。

「ほ～、そういうことなのか～」と納得し、「では、別のお願いを……」と違う願いを控えめに言うとその瞬間に、

「小さいの～」と神様が楽しそうに笑います。

というのは最初の願いが大きなものだったので、改めてした願いは「は？」というくらい小粒だったのです。

たしかにそうですけど～、と言い訳をしながら、私ってつくづく小物だなと自分でもおかしくなって笑いました。大物にはなれんなぁ、と。

ここの神様は陽気で朗らかです。この後に書きますが、狼の眷属も明るくて面白いです。行く

と何だか楽しい気分になれる神社です。

魂が反応して、何だか癒される～という気持ちになれると思います。

◉三峯とは性格が違う眷属の狼　～武蔵御嶽神社２

この神社にも三峯神社のオンガさんのような、でっかい狼がいます。やはりここにいる眷属の狼たちのボスをしているようです。

オンガさんは真摯に真面目、一生懸命に真面目というちょっと変な言い回しですが、そういう性質です。誠実であり、几帳面でもあります。

ここのボスはユーモラスな部分があって、話をしていると面白いです。

この山も例外ではなく落ち葉がたくさん積もっていますから、またしてもズル！　っと滑って転びそうになりました。

あ～、危なかった、と思っていたら、

「そんな靴では危ないぞ」と言われました。

「小菅山の大天狗さんにも同じことを言われました～」と答えると、

「それで性懲りも無くまた履いてきたのか？」と言います。

「ハイ！」と元気良く答えると、

「お前は……アホウか……」と言って、呆れた感じで笑っていました。

でもそこには愛情が感じられて、何だか褒められちゃった、という気分になり（完璧に違います）嬉しかったです。

ここの奥の院までの山登りは子狼が道案内をしていません。子狼たちは信者の家に行っている先輩眷属の（ここも出張制度があるのでしょう）手伝いをしているのだそうです。そこで先輩の代わりに悪いものを退治させてもらったり、追いかけたりとか、そういうお手伝いを通して修行をしているらしいです。

「ということは、この山は道に迷うこともあるのですか？」と質問をすると、

「ワシが守っておるから大丈夫」と言っていました。

山で何かアクシデントがあるとボスには即座にわかるようです。すると、ボスがすぐさま飛んできて守ってくれる、とそういう仕組みになっています。

子狼たちとお話したかったです～、と言うと、ボスが呼んでくれました。

なぜ子狼と会話をしたかったのかと言うと、ボスの名前を聞こうと思ったのです。本人に聞いても１００％の確率で教えてくれないからです。名前などない、と。

子狼は10匹くらいやってきて、今のボスには名前があるのか？　と聞くと、あると言います。

「それは何？」

子狼たちは口々に名前を言いますが、どう聞いても3種類聞こえてきます。似たような音で聞き取りにくいため、立ち止まって耳をすませましたが、微妙に違う3種類はそのままです。似たような呼び方だったらどれでも好きなように呼んでオーケーだったりして～、と思ったくらいです。

私の独断で3種類を総合的に判断した結果、「マヌイ」さんではないかと思います。

子狼たちに、三峯のオンガさんを知っているか聞くと、「知っている」「知っている」と全員がそう言います。

やはり同じ眷属同士は、どこに誰がいるのかちゃんと知っているのでした。

次に、ではそのオンガさんがここにいて、何か命令をした場合、オンガさんの言うことを聞くのか？　という質問をしてみました。神格からいうと、オンガさんは子狼よりもはるかに上の存在だからです。

「マヌイさんがいたら、聞かない～」

「マヌイさんがいたらマヌイさんの言うことを聞く～」

「神様がいたら聞かない」（武蔵御嶽神社の神様です）

「神様の言うことを聞くから～」

と、つまり自分が所属している神社、自分がいる山の親分が第一ということみたいです。

で、マヌイさんも神様もいなかったら……そしたらオンガさんの言うことを聞く、のだそうです。へぇ～、なるほど～、と勉強になります。

ここの狼たちも悪霊とか幽霊や魔を祓います。それ専門です。

元々、狼たちはそちら方面に強いのだそうです。その上さらに専門でやっていると、ますます力が増大していくのだそうです。特化した専門職のプロフェッショナルになるというわけです。

「では、商売繁盛とか学業成就などのお願いはしてはいけないのですか？」と質問をすると、

「他の願いは神に頼め」とのことでした。

ここの神様は山岳系ですから、何でも願っていいし叶えてくれるそうです。そして祓うほうの仕事はマヌイさんが調整をするのだそうです。

マヌイさんに「そんな靴で……」と言われたのは、登り始めの時でした。そして私はその会話を下山している時にはすでに忘れていました。下山中に他の話をしていたら、一組のカップルとすれ違いました。

すれ違った瞬間に、

「あれが正しい。あのような格好で来い」と言われました。

チラッと見ると、カップルの２人は登山用の服装をして帽子をかぶり、登山靴を履いて登山用ストックを手に持っていました。そして、鈴を身につけていて、チリンチリン鳴らしながら歩い

ていました。

マヌイさんは、全部買い揃えなさいと言っているのではなく、冬場の服装はこまめに体温調節ができるものを着ておくべきだし、靴は滑らないものを履き、そういった体を守ることをしっかり準備しなさい、と言っているのです。

「鈴までつけていましたね」とちょっと用心深すぎるのでは？　という気持ちで言うと、「熊が出る山もあるから気をつけたほうが良い」と言われました。

熊、ねぇ……。

心の中で、熊なんて北海道にしかいないんじゃないのかな？　普通は大丈夫だろうと、またしても神仏の言葉を半信半疑で受け取りました。

するとマヌイさんに、ほれほれそこそこ、と言われ示された道の脇を見たら……。【２０１５年5月1日　奥の院周辺の登山道でクマが目撃されました】と書かれた看板がありました。奥多摩自然公園管理センター・東京都レンジャーと書かれていて、何かこう警告も専門的な感じがします。

そして看板のタイトルが【ツキノワグマ目撃情報】なのです。

さきほど、のほほ～んと何も考えずに歩いていた付近に熊が出没していたというわけです。うっかり出くわしていたら襲われています。襲われて、

シャッと手で引っ掻かれようものなら、鋭い爪でざっくりいっていたと思います。

うひゃー！　こ、怖いー！　と瞬時にその危険性を理解しました。

こやつのアホウ具合は楽しいの～、とばかりにマヌイさんは大笑いしています。

そしてちょっと真剣に付け加えました。

「守護霊が先に挨拶していることに感謝せよ」

私の守護霊が先に神様や眷属に挨拶をしていることは知っていました。

しかしこの日のように、タウン用スニーカーを履き、鈴も付けず、水分は持っていても食べ物はなく、こまめに体温を調節できる服装でもない場合、守護霊の挨拶は、

「軽装で登ります、どうかよろしくお願いします」なのだそうです（守護霊は熊が出没する山であることがすぐにわかります）。

するとそれを聞いた眷属が、身を守りにふもとまで行くのだそうです。

この日もそうで、マヌイさんは、「こいつは無防備な格好で来て……」と思い、守りについてくれたそうです。

ああ、守護霊様ってありがたい！　と改めて感謝したのでした。

この武蔵御嶽神社も三峯神社同様、憑き物を落とすことに力を発揮する神社です。そしてそれ

は憑き物が乗っていた場合、その低い波動から解放されて、開運への扉が開く、ということです。

この神社は三峯神社よりちょっと柔らかい雰囲気です。マヌイさんのユーモアあふれる性質や神様の性質が反映されています。

それとこの山はペットが多く参拝していて、そのペットが置いていく気持ちも影響しているように思います。

奥の院から下山して神社からケーブルカーの駅に向かう途中、私は10匹以上の〝参拝犬〟に会いました。どの犬も本当に嬉しそうに歩いていました。

犬も神仏の波動はちゃんとわかります。

神域を歩くその清々しさ、気持ち良さは人間以上に感じているのではないかと思います。

眷属の狼のこともちろん見えていると思います。神々しく波動が高い狼が優しくニコニコしてそこにいたら犬もウキウキと嬉しくなるのではないでしょうか。

この神社には手水もペット用がありました。

我が子同様大事なペットですから、神様に失礼をさせたくない、という飼い主の気持ちを汲んだ対応だと思います。

神社仏閣は、犬と一緒の参拝は控えたほうがいいところがほとんどです。

動物を連れて歩かないのは眷属からすると礼儀として当然のことです。神社関係者が犬を拒否しているとか、ペットに厳しいとか、その神社のせいと思ってはいけません。

どんなに飼い主が大切に思っていても、我が子同然でも、眷属にとって犬は犬、獣なのです（詳しくは『ひっそりとスピリチュアルしています』に書いています）。

そこへいくとこの神社は珍しく、ペット同伴で参拝したい人にはありがたい神社です。犬にもご加護をいただきたいと思われる方は、一度一緒に行かれてみては？　と思います。

第六章

伊勢原市で出会った神様

◉親子で神様　～比々多神社

この比々多《ひびた》神社に到着したのは掟破りの16時という時間でした。

あたりはすでに薄暗くなっていました。行ったのは初冬のそれも東日本ですから西日本より暗くなるのがだいぶん早いです。関西以西に住む人が、その時間ってこれくらいの暗さよね、と考えるよりもっと暗いです。

神社脇の駐車場に車を停めて、鳥居をくぐると目の前に拝殿が見えます。

その社殿を見た瞬間に、「なんて明るい神社！」と思いました。神様の波動がとっても明るく周囲を照らしていたのです。

拝殿前まで行くと、ここの神社の鈴は一般的なものとは違っていました。

普通は大きな鈴がデーンとひとつ、上部に

ついているのですが、この神社は小さな鈴が紐にいくつかつけられています（縦に間隔をおいてつけられています）。

私は普段、鈴は鳴らさないことのほうが多いのですが、珍しいので鳴らしてみました。細かくシャランシャランと上品に鳴ります。巫女さんが神楽を奉納する時のあの鈴の音です。ここの鈴は鳴らすと自分が祓われるのでいいです。お勧めです。

神社で力任せに鈴をガランガランと派手に鳴らしている人をたまに見かけますが、あれはちょっと失礼になります。鳴らしたい人は控えめにされたほうが良いです。

拝殿で手を合わせると男性が1人見えました（見えない世界の人です）。

最初、アグラをかいて座っていましたが、祝詞をあげると同時に、すっくと立ちます。そしてそのままこちらに向かって歩いてきます。

服装は神話時代とも言える古代のものです。ズボンを膝下で縛っています。

でも髪は角髪《みずら》ではありません。髪の毛は短く剛毛のようで、ちょっと天然パーマがかかっています。

体格が良くて、しかもヒゲがモジャモジャなのです。

私が見た印象では日本人や韓国人、中国人のような感じのアジア人ではありませんでした。しかし白人や黒人とも違います。どこの国の人なのかわかりませんが、外国人には間違いないです。

それで日本の古代の服装をしているのです。何かこう、チグハグでしっくりきません。あのー、もしもし？　それって、どこか何か、間違えておられませんか？　と突っ込みたくなるようなお姿でした。

時代もいつなのかまったくわかりませんが、この男性がくっきり見えます。珍しいくらいしっかり見えるのです。

よ、よくわからない……と思いましたが、時間とともにどんどん翳っていくので、とりあえず先に写真を撮りながら境内をぐるっと回ってみました。

左側から行くと、神社裏手になにやら遺跡がありました。縄文時代のものらしいです。

やっぱりここは昔から居住区だったのだな、と思いました。太古の昔は、現代のように整備されていませんから、どこにでも住めたわけではなかったと思いますし、人間の数も極端に少なかったのでどこにでも人がいた、というわけでもないと思います。

私が見た神様がこの周辺に住んでいたのか、ここに祀られたからこの地に人が集まってきたのか、どちらかはわかりませんが、そういう土地のようです。

本殿の背面のスペースには摂社末社が並べられていました。

再び拝殿前に行き、ベンチに腰を降ろしました。そこで、何も考えずにただひたすらボ～ッと拝殿を見ていました。この日は早朝から登山をしたため少し疲れていたのです。

すると！　今度は本殿から１人の若い男性が私のほうに向かって歩いてきます（見えない世界の人です）。

そのまま私の前のベンチに（ベンチは３～４基並べて置かれていました）、向こう向きに座りました。映画館とかコンサート会場の客席ように、

私の前に同じ方向を向いた状態で座っているのです。

この人は髪を角髪《みずら》に結っています。さっき見えた人と同じ服装をしていますが、こちらの人は体がかなり小柄です。痩せてスマートなだけでなく、先ほどのヒゲもじゃ外国人に比べると骨自体が細いのです。

本殿に見えたヒゲもじゃの男性はがっしりした体格でした。背も高かったです。この2人は明らかに別人です。

ここのメインの神様って2人いるのかな？　と思いました。

ヒゲもじゃの人が本殿に見えたということは、あちらがメインの神様なのでしょう。とするとこの人は誰？　と思いました。

疲労困憊していて日も暮れており時間的にも難しい状態でしたが、頑張ってお話を聞きました。

やはりメインの神様はヒゲもじゃの人です。神様が言うには、角髪の若い男性は息子なのだそうです。

驚いたことに神様は海を渡って来たと言います。やはり外国人なのです。文化の違いで、角髪というへんちくりんなヘアスタイルにするのが嫌だった、と言っていました。

子どもの頃に日本に来たのではなく成長してから来たと言い、日本に来て日本の女性と結婚をし、息子が生まれたそうです。

その頃の日本人は小さかったそうで、息子はその血が入っているから細いのだそうです。

そしてこの神社で、親子で神様をしているという話でした。

それを聞いた時、「ええーっ！　そんなんアリなん⁉」と思いました。あちこちの神社を回っていますが、初めてのパターンです。

父と息子の神様は2人で何千年も一緒にやってきたようです。

この時点で17時になったので、神社の閉門時間かも？　と思って、失礼することにしました。

もっといろいろと知りたかったのですが、疲れ切っていて気力がなかったのと、時間的にこれ以上は無理だったので諦めました。

ここはとてもまろやかな雰囲気で、その理由は〝ありがとう〟という感謝がいっぱい詰まっているから、という気がしました。

親子で仲良くやっているからだろうと、その時はそう思いました。

ここでちょっと余談ですが、膝下で縛るズボンです。

「なんでそこで縛っているのですか？」とお聞きしたところ、

「歩くのに邪魔だから」という答えが返ってきました。

私はてっきりオシャレ、ファッションだと思っていたので意外でした。

縛らなければ、バッサバッサと歩くたびにズボンが互いにまとわりつくそうです。布も昔なので良い生地ではないようです。

だったら初めから細身のズボンにすればいいように思うのですが、あの時代、細身に縫うのは難しかったのかもしれません。

◉自分で感じる神様が大切　～大山《おおやま》阿夫利《あふり》神社1

ここのケーブルカーの駅は、駐車場からずいぶん歩きます。しかも平坦な道ではなく傾斜があります。

看板に案内されるままに行くと右の道（石段がず～っと続いています）を登って行くようになっていました。

いきなり階段はつらかったので私は左の道、車道を歩いていきましたが、途中で行き止まりになっており、そこから仕方なく石段のほうの道へと行きました。

そちらの道には、腰が曲がった高齢の女性が杖をつきながら歩いていました。ちょっと歩いては立ち止まって腰をさすり、またちょっと歩く……を繰り返して進んでいました。

「ああ、階段はしんどいだろうなぁ」と同情しました。女性は少しずつ少しずつ、登っていました。これからどんどん高齢化が進む社会です。高尾山のように参道がなだらかな道や、神奈川県藤沢市の江島《えのしま》神社のように登りのきついところはエスカレーターを設置してあるなど、高齢者や体が不自由な人にとって優しい参道が多くできるといいのにな、と思いました。

この日、天気予報では大荒れの天気になるはずでした（風雨ともに激しくなると言っていました）が、雨が時折ポツポツと落ちるくらいで、なんとか持っていました。

そんな天気のせいか、ケーブルカーは私と夫婦1組の3人だけでした。

ケーブルカーを降りて、少し歩くと参道のなかほどに出ます。売店（公式ホームページの名称に従って書いています）があって、上に行くと神社で下へ行くとトイレがあります。

私は先にトイレに直行しました。それから神社への石段を登っていたら、ケーブルカーで一緒だった夫婦が降りてきます。

え！　もう帰るの⁉　と驚きました。手を合わせただけで、神社での滞在時間は5分にも満たなかったのでは？　と思いました。わざわざケーブルカーに乗って行ったのに惜しげもなくあっさり参拝終了、というところが逆に信仰心のあつさを物語っているようにも思いました。

神社に到着直後から霧が出始め、あたりは霧に包まれていきます。龍がそばにいるんだな、と思いましたが境内では見えませんでした。

夫婦が帰ったため参拝者は私1人で、ゆっくりと拝殿を見たり、拝殿下の地下巡拝道をのんびり見学しました。

地下には「大山名水」という、龍の口から水が流れてくるご神水をいただける場所があります。奥には大黒様などの像やさざれ石が置いてありました。

地下から境内に出て、登山口へと向かいます。

雨が時折落ちてきていたので、足元が悪く滑ります。晴れているからこそ軽装で登れるわけで、こういう日はちゃんとした靴や装備でなければ登山は控えるべきだと思いました。

しかし、神様にはどうしても会いたいです。

そこで、安全に行けるところまでちょっとだけ登らせてもらうことにしました。

傘をさしていますから無理はできません。登れるのは15分くらいかな、と思いましたが、結構上まで

行きました。

当然ですが、ここの神様は山岳系です。

それは神社の境内に一歩入った時にすぐにわかりました。

しかし私はアクセスなどの下調べを軽くした時に、雷《いかずち》の神様がどうのという記述を読んでいました。それが頭に残っていて山を登りながら、カミナリに関係があるのだろうか、カミナリの神様なのかな？　と考えていました。

すると、そこに大山《おおやま》の神様が降りてきました。

その姿は、恐ろしい形相にツノがあって上半身裸の……見た目が鬼の姿です。

雷神として広く知られている、あの姿です。

しかし……神仏がわかる能力というか、知る感覚というか、神仏をとらえるアンテナで感じる神様と、この姿が一致しません。というか、山岳系の神様は透明です。

「神様、お姿が違います」と言うと、今度はシュバッと一瞬で仙人の姿になりました。

白くて細く長〜いヒゲ、垂れ下がるほどたっぷりある白い眉毛、体格は痩せていてひょろっとした、典型的な仙人の姿です。

「それも変身している姿で、本当の神様のお姿ではありません」と言うと、フフフと笑って、「どちらがいいか」と聞かれました。

「そのふたつだったら、仙人でしょうか〜」と答えると、神様はしばらく仙人の姿でいてくれました。

神様は何を教えたかったのかというと、人の情報に惑わされないように、ということです。

雷の神様であると書かれているものを読んで、そうなのか〜、と思って参拝すると、もう半分くらいはそのつもりで見ている、見ようとしている、と言われました。

たとえ昔からの古い言い伝えであっても、神仏に関しては間違った情報も多いのだそうです。

自分で会話をし、話をよく聞いて、自分の目で見て、自分のアンテナで感じて、そこで正しく知るべきである、自分で判断せよ、とのことでした。

そのためには神仏を感じる能力、わかる能力は高めなくてはいけない、錆びつかせてはいけない、とも言われました。

これは皆様も同じだと思います。

神社やお寺、神様仏様については、いろんな人がいろいろなことを言ったり書いたりしてると思います。人によっては真実と正反対のことを書いていたりします。

中には神様がこう言っているからこれだけのお金を払いなさい、などと言ったり、神様がこのおふだを買えば幸せになると言っていますよ、と高価なおふだを購入するよう言われるかもしれません。私の言うことを聞いていれば神様に守ってもらえますよ、運も良くなりますよ、とコンスタントに自分の高額な鑑定を受けるように勧める人がいるかもしれません。

そういう時に本当に頼りになるのは〝自分の〟感じる能力・わかる能力です。これはもう、しつこく書いてきましたので耳にタコだと思いますが、誰でも神仏をわかる能力は持っています。

私には霊感がないから無理です、と自分から扉を閉ざさないことが大切です。コツコツと小さなトレーニングを積み重ねていけば、その能力は徐々に磨かれていきます。

自分で実際に神社やお寺に足を運んで、そこでしっかり〝自分の感覚で〟感じてみることが大切です。

優しい神様と、ちょっときつい神様の区別など、もしも今まだわからなかったとしても、そのうちわかるようになります。

厳しいお不動さんなのか、にこやかな柔らかいお不動さんなのか、その違いもわかるようになります。

そうなってくると、神様が（もしくは仏様が）こう言っているからこのおふだを買いなさいとか、私があなたを救ってあげますとその能力がない人が言っても、それが本当かどうかの判断がつきます。自分でちゃんとわかるのです。

信仰は神仏と自分だけの世界、と以前に書きました。神仏と自分との二者間で成立するものなのです。ということは、神仏と自分との間に仲介はいりません。仲介を通して信心するというパターンはないのです。

神仏がその人に何かを伝えたい時、愛情を知らせたい時に、「仲介を通す」なんてことはしません。直接、その人が気づくようになんらかの手段で教えてくれます。

ですから大事なのは、神仏がくれるさりげないサインに「気づく」ことです。

聞こえないからわからない、見えないからわからない、と仲介人に頼るのではなく、今まだ聞こえないなら見えないのなら、さて自分はどうすれば気づくことができるのか、という方向で考えていくことが大切だと思います。

サインを発する神仏は本人に向けて信号を送っているのに、肝心の受け取る本人が仲介人のほうを向いているわけです。神仏は本人が気づくようにしているのですから、受け取る側も神仏のほうを向いて一生懸命受け取ろうと努力することが大事です。

気づくことができれば、ますます絆というか、いただいている縁が深くなっていきます。

神仏と自分の間に通訳は必要ないのです（その通訳は正しくない可能性があります）。

私の元に来るメールには、何となくわかってきました、と書かれているものが少しずつ増えてきています。

自分で感じられると、ウキウキと嬉しくなったり、感謝の気持ちでいっぱいになったり、自然と涙が流れたりします。それは「魂が正しく感じているから」なのです。

神様仏様のことは他人に頼らず、自分で知る・自分で感じる、そこが一番重要なのではないかと私は思っています。

いきなり全部をわかることは難しいかもしれませんが、自分の能力を磨く練習……つまり修行をできる範囲でコツコツ重ねていくことが肝要かと思います。

◉比々多神社について　～大山阿夫利神社２

大山の神様とこの地方の土地についての話をしました。太古の昔、このあたりには外国人が来たそうです。

「比々多神社で見ただろう？」と言われました。

あのお父さんのほうは本当に海を渡って来た人なのだそうです。そして一旦、別の地方に住みついて、そこからここへ来て日本人の女性を妻にして、息子が生まれたらしいです。息子は日本人の血が半分混じっているので小柄だった、というわけです。

その頃の日本人はとても病気に弱くて小さく、男女ともすぐに死んでいたのだそうです。この渡来人はがっしりした体格で病気にも強かったそうで、それでこの人の血が日本人には必要で、混ざったほうが良いということになったらしいです。

弱々しく病気ですぐに死んでしまう体質だと、他の民族が攻めてくれば簡単に征服されてしまってたかもしれないなぁ、とこれは私の推測です。

そこで神々が話し合って、こんなに弱くてはいかん、渡来人の体質を組み込もう、となったのだそうです。日本人をもっと強くしよう、と。ここでの渡来人とは中国大陸や朝鮮半島方面から大勢来た人々のことではなく、あらゆる外国から来た少数の外国人のことを言っています。

その渡来人に働きかけ、各地に散らばるように導いたと言います。神々の働きかけを受け取る能力のある者が、こうして各地へ散らばって行ったのだそうです。

この時、本人は神々の働きかけだとは気づいていないかもしれません。何となく旅に出たくなって放浪し、地方へ行ってそこで落ち着く、というパターンだと思われます。

今まで、渡来人はどうして各地に散らばるのか？　がずっと疑問でした。

例えば出雲なら出雲にたどり着いて、そこは国際都市だし住みやすいだろうし仲間も多くいるしで、そのまま住めばいいのになぜ？　と思っていました。なぜ、わざわざ遠い地へ流れて行くのか？　と。

それが不思議で仕方ありませんでした。

太古の昔です。遠くへ流れて行く、といっても乗り物に乗って行くわけではなく「歩いて」なのです。どうしてそこまでして？　と思っていましたが、こういう理由だと納得がいきます。

同じように最初の人類がアフリカで誕生して世界中に広がっていったのも、なんでわざわざ寒いところへ行くのだろう？　とずっと思っていましたが、きっと神々の働きかけがあったのでしょう。だったらなるほどと理解ができます。

話を戻して、テレビも新聞もなく人の行き来もほとんどなかった当時、地方の田舎にまで届いていなかった都会の各種技術を教えてくれて、文化の違いによる異国の様々なことを伝えてくれるこの外国人を、地元の人は歓迎しました。

言葉に関しては、当時の日本人はそんなにたくさん持っていたわけではないそうです。外国人のほうがたくさんの単語を持っていたそうです。

いろんなことを教えてくれたこの外国人に、地元の人はとても感謝していました。自分たちと人種が違うからといって、追放したりなんかしません。そういう意地悪な心を持っていなかったのです。快く地域の輪の中に入れて仲良くしていました。

外国人が死ぬと丁寧に祀って、以後信仰していたようです。

日本人の神様を敬う、神様を信じる、というその信仰心は特別にあつくて強いものだったらしいです。

元々、そういう民族なのだそうです。

ですから、死んだ後もこの外国人は大切にされ、ありがとうありがとうと感謝されました。そしてそのまま長い月日を経ても、こうして神社はしっかり残っているというわけです。

外国人の神様にしたら、

「異国から来た自分を排除するどころかニコニコと大歓迎してくれて、何かを教えるたびに感謝され、人種が違うのにこんなにも慕ってくれて嬉しかった」

「さらに死んだ後も丁寧に葬ってもらえ、それだけでなく、その後もずっと手を合わせ、感謝の念を送ってくれる人々よ、ありがとう」という気持ちのようです。

つまり比々多神社にありがとうの優しい「気」が充満していたのは、外国人だった神様に対する古代日本人の深くて純粋な感謝が今も残り、そして神様のほうも神様になってからも、どれだけ年月が経とうともその恩を忘れていない、その気持ちの表れだったのです。敬うほう敬われるほう両方からの「ありがとう」が今も残る神社です。

ああ、素敵だなぁ、と思いました。

私が無意識に比々多神社の境内でボ〜ッとしていたのは疲れていたからではなく、その優しい「気」に癒されていたのかもしれません。

◉神様が人間を思う気持ち　〜大山阿夫利神社3

比々多神社の話はいい話だったなぁ、と感動した私はまだ山道を登っていました。雨はやんでいたし、まだまだ行けそうな気配です。するとそこで、

「この先、お前が転ぶところがある」と言われました。

えっ！　それは困る、と思いました。雨がやんだとはいえ足元はぬかるんでいます。もう少し上まで行きたかったのですが、天候が悪いのはどうしようもありません。

「では、今日はここまでにして引き返します」と神様に言って、下り始めました。

登るほうはそんなに苦ではなかったのですが、道が濡れていると下りは大変です。んもう滑る滑る、油断をすれば即、すってんころりん状態でした。

下りでは「修験道」について聞いてみました。大山は修験道の聖地でもあるからです。

ということはこの大山の神様もその昔、お経や真言で勤行《ごんぎょう》されていたわけです。本当は山岳系の神様であり、現在のように神道系でお勤めされるのが本来の拝まれ方です。

役行者の頃は完全な仏教方式ではなかったのではないか、と私は思っています。長い年月の間にいろんなものが融合して、もしくは削り取られていって、今の修験道になったのだろうと考えています。

役行者は山岳系神様を信仰していたと思います。仏教の仏様を信仰するのであれば、わざわざ日本全国の山岳系神様がいる山を選んで登ったりしないと思います。

ですから、高尾山の烏天狗さんが言う「山の神を信仰している」という部分はその通りなんだろうと思います。ですが、そこから先は私の理解力ではさっぱりわからないままでした。

修験道は山岳系神様を見ているが方法は仏教である、ということでしたが、「神様を仏教で祀っていいの？」というのが、私の正直な感想でした。

そしてそれがどうしてＯＫなのかわかりません。

大山の神様は、

「構わぬ」とのことで、やっぱりいいらしいです。

なんで構わないのかな……宗教が違うのになぁ、としつこく疑問が消えません。

たしかに日本は、神仏習合という仏教も神道もいっしょくたにしていた時期が長くありました。

しかしそれは、神様と仏様双方の懐の深さ、及び優しさによる「まあ、人間がそうしたいのならそれでもいいが……」という度量の広さへの甘えであり、神仏の「仕方あるまい」という我慢のうえに成り立つものだと思っています。

本来は神様と仏様は別の宗教であり、別の拝み方なわけです。しかし大山の神様は、全然ええで、気にせんでも、という感じです。

ここで断っておきたいのは、これは山岳系神様に限ってのお話です。険しい山で、修行を重ねる修験者と山岳系神様の関係限定です。

ですから、どこか他の神社で仏教方式の勤行をしてもＯＫということではありませんので、ここは先にお断りしておきます。

一般の神様が毎日読経で拝まれてもいいかどうかは（般若心経以外のお経や真言です）、聞いてみないことにはわからないです。それが許されるということではありませんので、そこはお間違えのございませんようお願い致します。

で、どうして構わないのかな〜、と思っていたら、

「ただ、言葉が違うな、と思うだけだ」と言われました。

「？・？・？」

いや、これも日本語としてはわかるのです。でもその奥にある意味がわかりません。

そこで神様はわかりやすく教えてくれました。

例えば、私はお不動さんの真言が持つ効力を信じています。唱えたら憑いている悪いものが離

れるし、波動の低い場所では守りになります。

とてもありがたい真言で、私はこの真言を心から100%信じています。大事にしています。もしも私が宗教をよく知らなかったとして、この真言を神様の前で唱えたとしたら、大事な真言ですから神様に対する信仰心の表れと言えます。

神様が喜んでくれる何か特別な言葉を奉納したい、それで神様とつながりたい、と思ってのことになります。

神様からすると、本人がそこまで信じて大事にしている言葉を唱えられているわけで(神様は100%信じていることを知っています)、それはそれでいいのだそうです。

「あの～、腹は立たないのですか?」

「何を立腹することがあるのか?」

「お稲荷さんでも怒りません?」

「…………」

山岳系神様の眷属にお稲荷さんがいることもあるので、このように聞いてみました。

神様はどうして私がそのようなことを言うのか不思議に思ったようでしたが、私は人間なので心が狭い考え方もあったりします。

今の例え話だと、別の宗教の言葉(お経)のほうがより効果がある、より大事に思っている、それを自分の前で唱える、ということになります。わずかでもそこに不愉快な感情は湧かないのか、というのが疑問なのです。

信仰をいくつ持ってもいいことは知っていても、その順位付け、他宗教のほうを上に思っているというそこに少なからず納得がいかない感情があるのではないかと想像してしまいます。

神様には祝詞、仏様にはお経、とちゃんとそれぞれをその宗教で敬うのがマナーであり、正しいやり方です。それを「仏様にはお経、神様もお経ね、だって仏教のお経のほうが素晴らしいんだもの（神道よりも）」というのは、ちょっとだけでも「はぁ？」という気持ちにならないのだろうか？　と考えてしまうのです。

その時でした。

滑らないように、転ばないように自分の足元を見て歩いていましたが、気配を感じて顔を上げたら……。

前方を（10メートルくらいでしょうか）何か黒いものが数頭てくてく歩いて横切っているのです。

ん？　とよく見るとそれは鹿でした。

「うわー！　鹿だぁ～！」と思った私は、急いで下へ降りました。音をさせないように、細心の注意を払ってそ～っとそ～っと歩きましたが、それでも音は出てしまいます。

鹿がいたところまで必死で急ぎましたが、私がそこに着いた時にはすでにもういません。しかし走り去る音を聞いていないので、まだ近くにいるはずだ、と思いました。

そこで登山道を少し外れてみると、斜面の上方に3頭、下方に1頭いました。

上の3頭は、向こうを向いていてお尻をこちら側に見せています。白いお尻はバンビみたいで、すごく可愛いです。

3頭はくるっと振り向いて、「あ！　あいつ、人間やん！」と警戒したのか、パカラパカラと少し上に駆けて行きました。馬みたいな音を出して走るんだな〜、とそれも可愛く思えました。

下の1頭もパカッパカッと走り去ろうとします。

「いや〜、待ってぇ〜、お願いぃ〜、写真撮らせてぇ〜」と言うと、立ち止まります。立ち止まって「？」という顔で私を見ています。

「お願いだからちょっと待ってね、カメラをね、今出してるねん」と焦ってカバーから出し起動していると、鹿は向こうを向きました。

いやいや、それだと鹿ってわからへんやん、遠いんやし……と思った私は、舌を鳴らして音を出してみました。すると、その瞬間に「へ？」という顔でこちらを見ます。

続けて舌をパチパチ言わせて音を出していると、「ナニ？　こいつ？　ナニしてんの？」と、じぃぃーーーーーーと、不思議そうに私を見ています。それも首をかしげて。

かっ、可愛い！　と思いました。

上の鹿にも音を出すと、「へ？」とこちらを向きます。

「変な人間やな」

「なんやあの、口から出す奇妙な音」

「顔見てみ、アホ丸出しやで」

「ホンマやな、もう行きたいねんけど、あかん、あのアホが気になるわ～」という感じでしばらく私を見ていましたが、くるっと白いお尻を向けると、さくさくと山の中へと消えて行きました。

原因は3人の男性がおしゃべりしながら登ってきていて、その声が聞こえてきたからです。

下の鹿も、見た時はもういなくなっていました。

野生の鹿を間近で、それもたくさん見れたのはものすごく嬉しかったです。鹿と私だけの時間は結構長くて、楽しくてウキウキしました。

小雨の登山道で1人だったから鹿に会うことができました。ああ、楽しかった、可愛かったな～、嬉しいなぁ、と上機嫌でいたら、

「鹿が可愛いか?」と神様に聞かれました。

「めちゃめちゃ可愛いです!」

可愛いというか、愛おしいというか、愛すべき存在というか、庇護されるべきというか、そのような感情を持ちました。

「神が人間を思う気持ちはそれと同じだ」

ああ、そうなんだ! とこの時、非常によくその心情がわかりました。

そこで神様は先ほどの話の続きをしてくれました。

「あの鹿が寄ってきて、お腹がすいた餌を下さい、と言うと、餌をあげるだろう?」

「あげます! というか、言われなくてもあげたいくらいです!」

鹿が、お腹がペコペコでふらふらしていたら、何としても餌をあげたいと思います。神様も人間に対してそうなのだと言います。

「では、その鹿がお前が使わぬ言語でペラペラと話しかけたらどう思うか?」

えーっと？　それはつまり、ロシア語とかドイツ語で、お腹がすいた餌を下さい、と言われるわけね……と、実際そうだとしたらどう思うか考えてみました。

「ごめ～ん、私ロシア語わからへんねん、って思います」

「それと一緒だ」

ああ、なるほど！

私はロシア語がわかりません。可愛い鹿がロシア語で何か言っても意味はわからないのです。なんだかお腹がすいてそうだと思えば餌をあげるけど、日本人の私にロシア語はちょっと違うな～、と思います。

だからといって、「鹿め、ロシア人じゃない私にロシア語でしゃべりやがった、腹立つー！」とか、「私が使っている日本語よりロシア語のほうが上だと思っているのか！　ムカつくー」などと思いませんし、罰を与えるとかもありえません。

逆に「ごめんね～、ロシア語知らないのよ」としか思わないです。

そして鹿が何語で話そうが何語が好きであろうがそれはそれでいいと思います。

神様も一緒なのでした。

仏教のどんなお経を唱えられても「その言語はここでは違うな～」という感じなのでしょう。この場所でその言葉は違うな、と。

大山では最後に、「人の情報に惑わされないように」という言葉と、「頑張れよ」という励ましをもらいました。

包み込むような優しさでとても親切で、愛情をたくさんお持ちのここの神様も私は大好きです。次回は絶対に本社（山頂）まで登りたいです。

下社に着いたら驚くほどの濃霧になっていました。石段を降りようとすると、売店の前に団体の登山者がいました。15人ほどでしょうか。時間が少しでもずれていたら、1人きりではなくなって鹿と会えていなかったかもしれません。

この時は紅葉シーズンで、ケーブルカーの運転手さんの話だとピーク時は1万人の人が訪れるのだそうです。

1万人です、1日に。

登山路で1人きりの空間なんて取れなかった

だろうと思います。

小雨のおかげで１人だったわけですから、これはこれで良かったのだなと思いました。鹿と出逢うプレゼントもいただけましたし。

この山にいる龍は私が見たところ青色でした。これも大変貴重な色です。こんな素敵な神様がいる神社にいつでもお参りに行ける関東の人が羨ましいです。超お勧めの神社です。

第七章
於菊稲荷神社

◉於菊さんからのお誘い

関東の神社仏閣をぐるりと回ってみる計画を立てるのは、結構時間がかかりました。まず是非とも訪れたい神社やお寺をピックアップして、そこから車で回るルートを考えます。どれだけロスがあっても外せない、というところをメインにするとどうしても地理的に無理という場所が出てきます。

あ、でも、こっちから回ると行けるかなとか、いやこっちをこう走れば、とかいろんなパターンで考えました。走行時間なども正確に調べます。

何日かかってもいいというわけではないので、行けるところは限られてきます。

こうしてやっと、数日かかって予定表が完成しました。ホテルなどもそこで予約を入れていくので、もうルートの変更はできません。

関東地方となると広いし、訪れたい神社仏閣はたくさんあるしで、3回に分けて行くことにし、そのすべての日程を決め終えた日は「ふぅ〜」と精も根も尽き果てた状態でした。印刷まですべて終えるとすでに夜中で、私はそのまま眠りにつきました。

その翌朝です。

明け方の清浄な時間帯に、半分目が覚めて半分寝ている状態になりました。こういう時に、あちらの世界（神仏界など、良いあちらの世界です）とつながることが多いです。

そこに出てきたのは、髪を結って着物を来ている女性でした。

その女性が、彼女の家に私を招待してくれるのです。その人が江戸時代の人なのか明治時代の人なのか、時代はよくわかりませんでした。

家は純和風の古い家ですが、ちょっとだけモダンな雰囲気も漂っています。女性がオシャレなので、いろんなものを飾っているのです。

8畳くらいの部屋に案内されて、そこで女性が何やら一生懸命話しかけてきます。お金持ちなのか物がたくさん……ごちゃごちゃと置いてあって、私はそれを見ています。

そこでふと壁を見ると、長押《なげし》の上に絵が飾ってあります。

その絵は絵画というほどの立派なものではなく、半紙に墨でさらっと書きました、という簡略な絵です。

絵の柄は〝菊の花〟で、それが何枚か飾ってあるのです。

なぜこんな下手くそな絵を後生大事に飾っているのだろう？　と思ったら、女性が、

「これはお稲荷さんを表しています」と言います。

そこで視点が変わって別の人が説明をします。さきほどの女性はとても強い霊的な力を持っていて、あの女性がこれを描いた。これを持っているとお稲荷さんとのご縁ができてご加護がもら

え、大変ありがたいのだ、と言うのです。

はぁ、なるほど、とは思いますが、なんでお稲荷さんが菊の花の絵なの？　と思いました。するとそこで次の言葉が響きました。

「菊のお稲荷さんです。お願いします。是非、来て下さい」

そう言われたところで、半覚醒が終わりハッキリと目が覚めました。


女性が実際に来たということはわかりましたが、どこの誰かまではわかりません。

とりあえずネットで検索をしてみました。検索ワードは言われた通り〝菊〟と〝稲荷〟です。すると、「於菊《おきく》稲荷神社」がヒットしました。

へ～、本当に菊のお稲荷さんがあるんだ～、と思いました。見ると、群馬県高崎市となっています。

私は関西在住ですから、群馬県が日本のどのへんにあるのか高崎市がどこなのか、位置がさっぱりわかりません。

関東を回る計画で群馬県にも行くんだけど……え？　どの神社が群馬県だっけ？　と昨日完成した自分の計画表を出してみました。

そこで高崎市の於菊稲荷神社の位置を見ると……なんと！　たまたま計画で通過する道の近く

にありました。ちょっと寄ることができる、という距離です。

計画しているルートから大きく離れていたら、申し訳ないけど今回は行けないですよ、と思っていました。綿密に立てている計画をすべて変更するにはまた膨大な時間をかけなければいけないし、こういう言い方はどうかと思いますが、行かなければいけない義理もないのです。

しかし、ルート上にあるのだったら話は別です。

わかりました、お伺い致します、と心の中でその女性と約束をし、厳しいスケジュールでしたが無理やり於菊稲荷神社をそこに入れました。

それから於菊稲荷神社について、少し調べてみました。

公式サイトはこちら、と案内しているものがあったのですが、クリックしてもサイトは存在せず今は閉鎖されているようです。

いくつかの資料から、わかったことを書いてみますと……。

最初はごく普通のお稲荷さんだったようです。

それが「於菊稲荷神社」と呼ばれるようになったのは、江戸時代中期です。

大黒屋の娼妓於菊がこの神社の熱心な信者でした。於菊は子ども好きだったので、子どもたちからも親からもとても慕われていました。

風邪をこじらせて大病にかかった於菊は、子どもたちの親にこの神社に小屋を建ててもらい、そこで看病をされ、病は全快しました。

その後、神様のお告げによって於菊は霊能力を持った巫女となり、困っている人を助けるようになったのです。それでこの神社は於菊稲荷神社と呼ばれるようになりました。

遊女ではなく、美しい娘だったというパターンもあります。

医者からも見放されるような重病にかかって、悩み苦しんだ末、この稲荷神社に救いを求め……深く信心を続けたところ、不思議なことに病はすっかり治った、というものです。その後、霊能力を授かり巫女になったとありました。

どちらにしろ、このお稲荷さんが於菊という女性の難しい病気を治し、その後於菊は巫女となって人々のために尽くした、ということらしいです。

私のもとに来たのが、その於菊という女性なのかどうかはわかりませんが、そのような由緒の神社なのだな、と思いました。

◉於菊さんの願い

ナビの誘導で駐車場がある裏側ではなく、正面というか参道の入口に到着しました。そちら側の駐車場は３台くらいしか停められませんでしたが、運よく空いていました。

車を停めて、よっこらしょと降りた瞬間に、夢の中に出てきた女性が走り寄って来ました。

「よう来てくれた、よう来てくれた」とすごい喜びようです。

伝説の於菊さんです。

この神社は隣接する公園（？）というか広場の中に朱の鳥居が並んでいます。その鳥居をくぐって進むと正面に拝殿が見えて

きます。拝殿と言っても小さいです。

その朱の鳥居も直角に曲がってたりして、何だか変わった造りだなぁ、と思いながらいつものように先に写真を撮っていました。

すると於菊さんが、

「はようこちらへ」と拝殿のほうへと急かします。

「待って〜、於菊さん。写真を先に撮るから〜」と言うと、にこにこと待っています。

その間も「ありがとう、ありがとう」とお礼を言っていました。

「よう来てくれた、遠いところを」とも言っていました。

元が人間なのでお礼の言い方も丁寧で、遠いところから来てくれてありがとうなんて言われたのは初めてかもしれません。

まず現在の神社の様子を先に見せてもらいました。

広場にあった参道の石畳は古く、歴史があることを感じましたし、手水舎もとても古いものでした。

拝殿前に立ってじっくり見させてもらったら、歴史があるその社殿はかなり傷んでいました。拝殿の裏手には、敷地が広大だった時にあちこちにあった祠なのか、いくつもの祠が無造作に置かれていました。

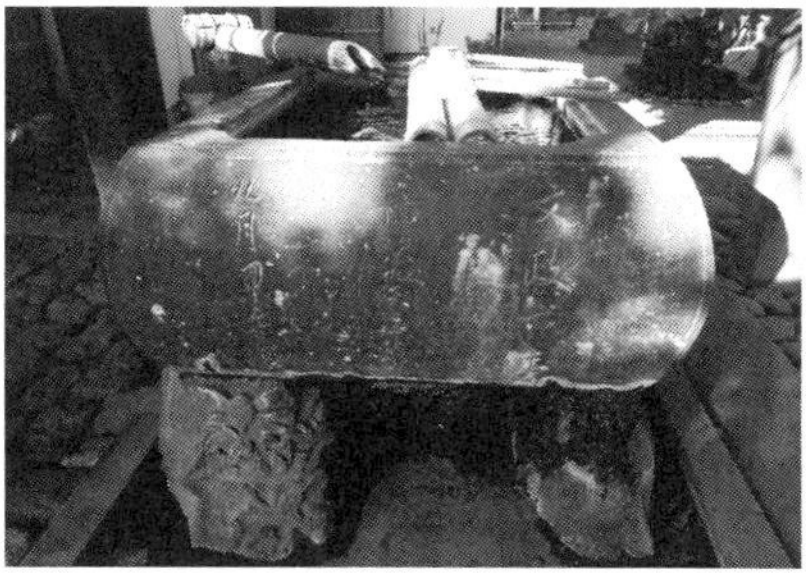

祝
七五三詣り

祝
七五三詣り
祝
七五三詣り

境内をひと回りして状態を把握したところで、於菊さんがいろんな話をしてくれました。

於菊さんはここのお稲荷さん（神様）が大好きなのだそうです。

それで亡くなってからも、このお稲荷さんの元で働いているのだと言います。修行というか、仕事をお手伝いしています。

昔、この神社はとっても栄えていたと言っていました。参拝客が多くて活気にあふれ、にぎわっていたのだそうです。

それが今は、社殿が傷み、境内も昔に比べて狭くなった……と於菊さんは言っていました。参拝客の数は激減だそうです。

於菊さんは、お稲荷さんが気の毒で仕方がない、おいたわしい、と言います。

栄えていた時はたくさんの人がひっきりなしに参拝していて、それゆえパワーがみなぎっていて力も強く、その時に眷属もたくさん増えたと言います。

参拝客もにぎわっていましたが、神社の神様・眷属のほうもにぎわっていたらしいです。

だけど現在、すたれてしまって人が訪れない、仕事がない、と言うのです。

大勢いる眷属も仕事がないので、力も錆びついてきているそうです。これ以上落ちぶれるとやさぐれる眷属も出てきそう、と於菊さんは心配しています。

お稲荷さんの場合、参拝する人が減ると力がなくなっていきます。神格が高くなっているお稲荷さんだったら大丈夫なのですが、もしも神格が低ければ力は弱くなっていきます。眷属に至ってはもっと深刻で、力がなくなるうえに質も低下していくことがあります。

於菊さんは他の眷属のキツネと違って、元が人間なのでその部分に関してはダメージはありません。参拝客が減ろうと増えようと、それに力や質が左右されることはないのです。

於菊さんは、眷属に仕事をさせてあげたい、と言っていました。質が落ちないようにしてあげたいと言うのです。この状況をなんとか変えたい！　と言います。

昔のように多くの人がワイワイと参拝する、そんなににぎわった神社に戻したいとのことでした。

そこで私に言いました。

「昔みたいにしてもらえないか……」と。

なるほど、と話は大変よくわかりました。

ですが……私が本に書いたくらいでは、そこまでの影響力はとてもじゃないけどありません……。力になって差し上げたいのですが、その力がないのです。何ともやるせない、申し訳ない気持ちになりました。

「於菊さん、何とかしてあげたいのは山々なのですが……。すみません、残念ながら私の本にはそこまでの力はないです」

「そうか……」

「それでも本に書けば、心優しい読者の人が参拝に来てくれると思います。その人が自分のブログに書いたり口コミで宣伝してくれれば、少しずつ参拝する人が増えていくかもしれません」

「よろしく頼む……」


お稲荷さんにいる眷属は、神獣のキツネが普通です。このキツネがお稲荷さんの元で〝稲荷修行〟を積めば、お稲荷さんという神様になれます。

しかし於菊さんは元が人間ですので、ここで〝稲荷修行〟をどれだけ積もうと、お稲荷さんという神様にはなれません。

神獣のキツネだけがお稲荷さんになれる資格があるわけです。

私はそこについて質問をしてみました。言い方が悪いかもしれませんが、未来永劫、下働きのままだからです。

その状態はいいのですか、と。すると於菊さんは、

「それでも構わない」と言っていました。

命を助けてくれた大好きなお稲荷さんの下で働ける、もうそれだけで満足である、と言います。

神様にはなれなくてもいいのだそうです。このままで十分だと微笑んでいました。

於菊さんはたくさんの眷属をまとめる役目も任されているようです。

しかし、眷属は格が高いものばかりではありません。さきほど書いたように、格の低いものは落ちぶれるとやさぐれてしまいます。それを必死で支え、管理しています。

管理する側も同じ神獣のキツネだったら、一喝したりできるのでしょうが、於菊さんは優しいのでそれができません。

源九郎稲荷神社の一の眷属のように（この神社については『神社仏閣 パワースポットで神さ

まとコンタクトしてきました』に詳細を書いています）、まとめ役が厳しいと威嚇して従わせることができます。それで神社の格を保つわけです。有無を言わさないピシッとした威厳、それにより眷属は統制された集団でいられるのです。ですから低い格の眷属からすれば、厳しいほうが良いということになります。

そこへいくと人間だった於菊さんに、眷属のまとめ役はちょっと難しい面があるのかもしれません。だから一刻も早く、神社を元のように栄えさせたいのだと思います。


帰りに鳥居をくぐっていたら、なんと！　於菊さんがひざまずいて、

「よろしく頼む」と言います。

「於菊さん、そんなことまでしなくていいです。お立ちになって下さい。必ず、書きますから」

「頼む」と、於菊さんはひざまずいたままです。

涙がボロボロ出て止まりませんでした。

於菊さんは肉体を持っていませんから、本が書けません。ブログも書けません。人に来てもらいたくても宣伝ができないのです。その宣伝をしないことには於菊稲荷神社を多くの人に知ってもらうことができません。

そこで唯一の手段として、私のような人格もまだまだの人間に頭を下げているわけです。

神様のお手伝いをしている尊い人が私ごとき人間にひざまずく……そうまでしないことには状況は変わらないからです。

うわーん！　と実はここで号泣しました。周囲には誰もいませんでしたし。

於菊さんのお稲荷さんを思う気持ち、眷属たちを思う気持ちがストレートに伝わってきました。

於菊さん自身はお稲荷さんという神様になれませんし、後輩の眷属に次々追い抜いていかれる立場です。ですから、本当に純粋に神様と眷属を思ってのことです。


於菊さんは参道の出口まで送ってくれました。この出口は道路に面しています。

私はここでお別れの挨拶をして、車に乗り込みました。

参道出口を車でゆっくり通る時、於菊さんは極上の笑顔を見せてくれました。そしてそれから、深々と頭を下げていました。

「於菊さん、頑張ってよー！」

「於菊さん、負けないでねー！」と車内から精一杯の声援を送りました。

泣いても泣いても、まだ泣けました。

於菊さんはここで稲荷修行している限り、神様にはなれません。眷属にも次々追い越されていきます。未来永劫、今の地位のままです。

それでも〝大好きな〟お稲荷さんのそばで働きたいのです。その心の美しさ、純粋さに胸を打たれます。

於菊さんに頑張ってほしいなぁ、と思われた方はどうか於菊稲荷神社へ足を運んであげて下さい。

その際、いつも１００円をお賽銭箱に入れる人は１５０円を、10円入れる人は20円、というふうに心持ち多めに入れていただければ、と思います。

帰りによく見たら、鳥居のしめ縄もボロボロでした。

「桜井識子の本を読んで来たという人にはよくしてあげて下さいね」と、これだけは言わねば、と思って言うと、

「約束する」と於菊さんはきっぱり言ってくれ

ました。

ですから、お願いも叶えてくれると思います。

元が人間なのにお稲荷さんの元で働いている人もいるということを、私はここで初めて知りました。

於菊さんのお稲荷さんに対する無償の愛の尊さをはじめ、多くのことを学ばせてもらえた於菊稲荷神社でした。

お近くの方はどうぞ、一度足を運ばれてみて下さい。お近くでない方もドライブがてら旅行ついでに立ち寄ってあげて下さい。

どうかよろしくお願い致します。

〈第一章〉

中禅寺　栃木県日光市中宮祠２５７８

輪王寺　栃木県日光市山内２３００

東照宮　栃木県日光市山内２３０１

〈第二章〉

神田明神　東京都千代田区外神田2−16−2

國王神社　茨城県坂東市岩井９５１

延命院　茨城県坂東市神田山７１５

北山稲荷大明神　茨城県坂東市辺田１４０２−１

築土神社　東京都千代田区九段北１−14−21

〈第三章〉

華厳の滝　栃木県日光市中宮祠

滝尾神社　栃木県日光市山内２３１０−１

〈第四章〉

小菅神社　長野県飯山市瑞穂内山７１０３

飯縄神社　長野県長野市富田３８０

古峯神社　栃木県鹿沼市草久３０２７

〈第五章〉

三峯神社　埼玉県秩父市三峰２９８―１

武蔵御嶽神社　東京都青梅市御岳山１７６

〈第六章〉

比々多神社　神奈川県伊勢原市三ノ宮１４７２

大山阿夫利神社　神奈川県伊勢原市大山３５５

〈第七章〉

於菊稲荷神社　群馬県高崎市新町２４７

あとがき

最後まで読んでいただき、ありがとうございました。

関東巡りは平成27年の10月下旬、11月半ば、12月初旬と3回に分けて行きました。

この後に、関東に来た時は是非この神社・このお寺に行ってみて下さい、というメールや直筆のお手紙を多くいただきました。

皆様にいただいた情報は今回の関東巡りには間に合いませんでしたので、次回行くことがございましたら、活用させていただこうと思っております。情報をありがとうございます。

この本に詳細を書いていない神社仏閣の名前がいくつか出てきますが、その神社やお寺についての詳しいお話は、もう少しだけお待ちいただけるとありがたいです。

さて今回、この関東巡りで東京のど真ん中を数回運転したのですが、ナビが間に合わないんですね、東京って。

地方だとはるか手前から案内してくれるので、心の準備ができます。「300メートル先を右折です」とか、どんなに急に言われても「この先、右折です」と言ってもらえますが、東京の場合は道路と道路の間隔が狭かったりするので、いきなり「ここを右折です！」と言われたりします。

「えっ！　こっ、ここっ！？」とナビに聞き返しても返事はもらえず、急には曲がれないので仕方なく通過して……、その後周辺をぐるぐる回る羽目になりました。何回も。

東京のど真ん中は駐車場も少なかったです。神田明神に行く時、苦労しました。

コインパーキングの看板を見つけても、2台だけとか3台のみの駐車場が普通にあるのです。それはつまり道路から頭を突っ込んで駐車するわけで、交通量の多い東京ですから出る時どれだけ苦労するのかと思うと「無理」となりました。

しかも1台分が超狭くて、隣りに高級車がフツーに停めてあったりするのでビビります。

東京は高級車率も高くて、政府の要人？　皇室関係？　という車にも出合いました。パトカーや白バイ先導の車も首都高で見ました。田舎者ですので、キョロキョロドキドキしながら運転しました。

鉄道のほうでも東京駅の地下から地上に出られない、という迷子にもなりました。広すぎて。

ＪＲと京王線が乗り入れている駅で、ＪＲの切符を堂々と京王線の改札に入れて、ピンポンも派手に鳴らしました。

職員の人に「これ、ＪＲの切符ですよ?」と言われ、「は？　そうですけど?」と何で通れないのだろう？　と思ったのですが、京王線って違う鉄道会社だったのですね。

地方だとナニナニ線、とくればそれはＪＲなんですね。違う鉄道会社は阪神とか阪急とか近鉄とか京阪とか、わかるように呼びます。地下鉄以外で「～線」はＪＲだけなので、京王線、という「線」で判断して大恥をかきました。

ピンポンと鳴らして一日切符を取って、「?・?・?」と思いましたが、もう一回入れてピンポンピンポンさせましたから～（笑）。田舎者もいいところです。

とまあ、いろいろビビったり恥をかきながら回った関東の旅でしたが、多くの学びがあり楽しかったです。

桜井識子

桜井識子　さくらい　しきこ

1962年広島県生まれ。
数多くの神社仏閣・パワースポットを訪れ、奥宮があるような霊山にも多く登る経験を持つ。持って生まれた霊能力を修行で磨き、真の神仏の世界や神仏の素晴らしさ・恩恵を伝えている。神仏を感知する方法や様々なアドバイス、スピリチュアルな世界の仕組みなどを書籍やブログにて発信中。
著書に『ひっそりとスピリチュアルしています』『神社仏閣パワースポットで神様とコンタクトしてきました』（ともにハート出版）、『幸せになるひっそりスピリチュアル作法』（主婦と生活社）、『運玉』（東邦出版）、『「神様アンテナ」を磨く方法』（KADOKAWA）がある。

ブログ「ひっそりとスピリチュアルしています」
http://ameblo.jp/holypurewhite/

装幀画：水沢そら
北海道函館市出身。バンタンデザイン研究所卒業後、MJイラストレーションズに学ぶ。
TIS会員。

神さまと繋がる神社仏閣めぐり
—神仏がくれるさりげないサイン—

平成28年3月1日　第1刷発行

ISBN978-4-8024-0013-8

著　者　桜井識子
発行者　日高裕明
発行所　ハート出版
〒171-0014 東京都豊島区池袋3－9－23
TEL. 03－3590－6077　FAX. 03－3590－6078

印刷・製本／中央精版印刷　　編集担当／日高、佐々木
乱丁、落丁はお取り替えします。その他お気づきの点がございましたら、お知らせ下さい。

ひっそりとスピリチュアルしています

桜井識子：著

本体価格：1600 円

読めば神仏の気持ちがよ～くわかる

人気ブログが待望の本になりました

宗教・教団にこだわらない日本人の信仰心とは？

あなたのスピリチュアルな疑問が
これですっかり分かります。

この本は見えない世界での私の体験をそのまま正直にかいています。幽霊しか見えない能力はいらないと思い、それを捨て、神仏だけに波長を合わせるよう本格的に努力を始めたのが20年くらい前です。すべて手探りの状態でした。